L'almanach du Périgourdin 2013

Rédacteur en Chef
Gérard Bardon

Virginie Ripond
Christian Péricaud

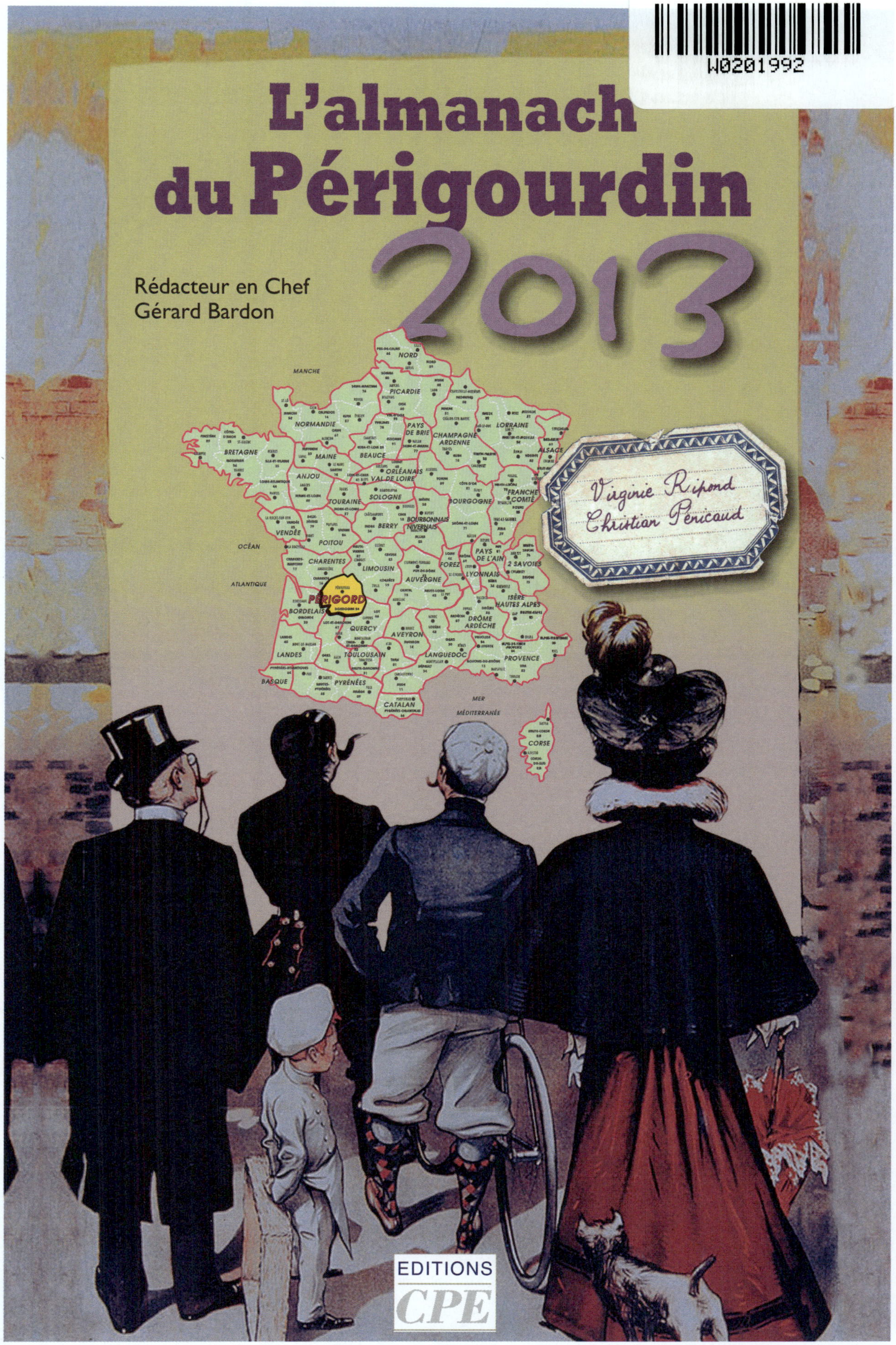

EDITIONS CPE

François Barberousse

Un écrivain de terroir injustement oublié

La Sologne, terroir unique où les brumes entretiennent le mystère, où l'eau fumante des étangs force l'imagination et où les petits matins humides ne peuvent qu'inspirer la plume, a tissé au fil du temps une des plus prestigieuses galeries d'écrivains...

Admirez plutôt, pêle-mêle, mais en belle compagnie, défilant dans la forêt des livres, Maurice Genevoix et son Raboliot, Alain Fournier et son Grand Meaulnes, Marguerite Audoux et sa Marie-Claire, Eugène Labiche et son village Souvigny, Eugène Sue et ses mystères, Gaston Couté, le p'tit gars, de Meung-sur-Loire, qui a mal tourné, François Villon le poète maudit...

François Barberousse, on lui promettait le Goncourt

Il en est un, injustement oublié, peut-être le meilleur, François Barberousse. Fils d'un paysan aisé, il est né à Brinon-sur-Sauldre en 1900, bourgade entre le Berry et la Sologne. Nourri de littérature dès son plus jeune âge, il publie L'Homme Sec (1935) et Les jours aux volets clos (1936) aux éditions Gallimard, deux ouvrages qui rencontrent le succès et font comparer leur auteur à Céline. Ces romans, d'une écriture sans concession, témoignent de la vie rude et de la violence des rapports sociaux dans le monde rural de l'époque.

Comme le dit Gérard Boutet dans l'avant-propos du livre : « La scolarité du garçonnet passa par la communale de La Chapelle-d'Angillon, dont l'institutrice était madame Fournier, la mère de l'auteur du Grand Meaulnes. Il est tentant d'imaginer François Barberousse, usant ses culottes courtes sur les bancs d'une classe où, douze ans plus tôt, le fils de la maîtresse, Henri Alban, avait usé les siennes. À tout le moins, on relèvera là une troublante coïncidence.

L'enseignement de l'école républicaine a éveillé beaucoup de consciences, le fait est indéniable. Toutefois, cela ne fut jamais suffisant pour décider de la vocation d'un écrivain. La principale raison qui lia François Barberousse à l'écriture résulta vraisemblablement de l'intérêt que son père, figure originale, réservait au bonheur de lire. Maître Justin Barberousse, en effet, s'était porté acquéreur de plusieurs « bibliothèques bourgeoises », au gré de successions en déshérence. À la veillée, la maisonnée se rassemblait autour de la lampe à pétrole pour partager, quasi religieusement, la lecture que le patriarche imposait à tous. Le jeune François retira, de ces soirées livresques, un bénéfice considérable. Doté d'une mémoire peu commune, il put ainsi élaborer, selon le témoignage de son petit-fils Pierre Paliard, une « culture buissonnière, faite de passion et de curiosité ».

Dans ces livres François Barberousse brosse un tableau réaliste de cette société terrienne dont il était issu. Un premier ouvrage, L'Homme Sec, fut édité en 1935 par la prestigieuse NRF. Il fut unanimement salué par la critique. La Revue des livres nouveaux affirmait : « Ce roman rappelle par sa crudité le « Voyage au bout de la nuit », mais il lui est à notre avis supérieur par le naturel, la sincérité, l'équilibre et les réflexions qu'il suggère. » Le second livre, « Les jours aux volets clos », parut l'année suivante avec le même succès.

Avec Épis de glane, François Barberousse change de ton. Il nous offre huit contes puisés lors des veillées d'autrefois. Il fait partie de l'héritage que Pierre Paliard, le petit fils de François Barberousse a reçu de son aïeul, certes, mais il participe également à l'enrichissement du patrimoine commun. Le manuscrit en a été récemment retrouvé par Pierre Paliard, le petit-fils de François Barberousse ; un héritage qui enrichit heureusement le patrimoine littéraire de notre région. C'est pour cela que CPE, l'éditeur des terroirs, à Romorantin, l'a publié. François Barberousse confiait avoir recueilli ces contes auprès de sa grand-mère maternelle Solange Gagnepain, née à l'avènement de la monarchie de Juillet. Il les aurait rédigés au début des années trente, dans le souci de restituer ce qu'étaient les mentalités rurales, entre l'occupation prussienne et la Grande Guerre.

Entre tradition orale et anecdotes villageoises, c'est la Sologne d'autrefois qui reprend vie.

L'Almanach de votre terroir

Terroir… du latin terra, terre, mais aussi territorium, territoire, c'est-à-dire du relativement petit : (terroir) à l'infiniment grand : (la terre), en passant par le juste milieu du territoire… Le terroir, même s'il n'est pas toujours délimité par des frontières matérielles, se défend aussi, comme un territoire. Il se défend d'ailleurs vigoureusement, l'appartenance étant une donnée très forte : défense d'une langue, d'un parlage, de particularités façonnées par les aléas de l'histoire, de façons de vivre communes à un groupe. Il permet à ce groupe de survivre d'abord, mais aussi de transmettre un patrimoine. Le terroir, Terra incognita pour tous ceux qui ont perdu leur nord, leur plus au sud, leur est, leur ouest… en un mot leurs repères ; Terra incognita aussi pour les étrangers, les réfugiés, les exilés, les apatrides… jusqu'au déclic, la révélation que des civilisations éloignées partagent le même inconscient collectif, la même organisation, les mêmes habitudes voire des rituels similaires…

Le terroir n'évite pas toujours les clichés : béret basque et baguette de pain, rosières, bourrées, violons et vielles, vieux conscrits usant leurs velours côtelés sur le banc de bois des places ombragées par les platanes, le menton nonchalamment appuyé sur le pommeau de leur canne… commentant les nouvelles du jour, le dernier match de rugby, le temps qu'il fait ou qu'il fera…

Saviez-vous qu'en lisant l'almanach de votre terroir vous vous inscriviez dans plus de cinq siècles d'histoire ? Le premier exemple d'almanach connu remonte en effet à 1492. Mais il a fallu attendre la fin du XVIIIe siècle pour que le lectorat se développe sous l'impulsion des premières tentatives d'alphabétisation à la campagne. Les almanachs ne faisaient pas seulement office de calendrier, d'éphéméride, ils furent, bien avant Internet, vecteurs des informations les plus diverses : recettes de cuisine et de médecine naturelle, contes, légendes, dictons et anecdotes, ainsi que jeux, blagues et caricatures. Tout cela était réunis en une véritable bible rurale qui servait de calendrier, de pense-bête mais aussi de divertissement aux paysans. Le XIXe siècle fut l'âge d'or des almanachs, la « réclame » s'offrant déjà en pleines pages. Plus de 5 000 almanachs ont été recensés entre le XVIIIe et le XIXe siècle. Avant d'être disponibles chez votre libraire, les almanachs étaient jadis diffusés par les colporteurs, ces marchands ambulants qui proposaient toutes sortes de marchandises aux habitants des villages traversés lors de leurs tournées. Parcourir les pages de cet almanach, dédié aux terroirs de France (44), n'est-ce pas parcourir les champs, les prés et les vignobles ? N'est-ce pas parcourir les landes, les rivières et les marais ? N'est-ce pas parcourir les villes et les villages ?...

Nous fûmes les premiers, en 1992 à relancer la « mode » des almanachs. Notre succès a inspiré nombre d'éditeurs ainsi que de grandes vedettes des médias. Nous en sommes fiers, certes, même si nous aurions pérféré chez certains un peu plus d'imagination !

Parcourir les pages de cet almanach, c'est profiter de l'ombre d'un vieux chêne, du moelleux du foin ou se réchauffer au rayon amical du soleil. C'est se régaler de l'eau fraîche d'une source limpide, d'un vin gouleyant, d'un bol de lait fumant ou d'un fromage crémeux. C'est tout simplement se délecter de la campagne française, de ses charmes et de sa diversité, du Nord à la Bretagne, de l'Alsace à la Corse, du Pays basque à la Provence, de la Normandie à la Franche-Comté...

Parcourir les pages de cet almanach, c'est se promener dans une nature parfois sauvage, trop inconsidérément domestiquée et si mal exploitée. C'est fréquenter les plages battues par les vagues, les chemins droits ou sinueux, les talus, les haies, les petits bois, les grandes forêts... C'est retrouver des femmes et des hommes, submergés par un galopant progrès et cherchant, derrière eux, les marques et les souvenirs d'une époque révolue et pourtant pas si lointaine.

Le monde s'est ouvert, s'est dévoilé, se rétrécissant d'ailleurs du même coup, apportant la peur et l'angoisse de ce qui est vaste, immense. Vouloir être citoyen du monde, c'est formidable pour la recherche de la paix, pour éradiquer toutes formes de racisme et de sectarisme, pour la réduction des disparités sociales, pour une meilleure répartition des richesses... mais pouvoir se retrouver « chez soi », sur la terre de ses parents est aussi nécessaire. S'aviser que le breton, le basque ou l'alsacien sont de véritables langues, ce n'est pas forcément se replier sur soi-même dans un régionalisme outré, mais plutôt se rappeler d'où l'on vient.

Parcourir cet almanach, c'est faire revivre les traditions, les coutumes, les fêtes calendaires et agraires. C'est remonter le temps et l'histoire d'un petit morceau de France. C'est retrouver les saveurs d'un pot-au-feu, d'un petit salé aux lentilles, d'une choucroute, d'une garbure, d'une fondue savoyarde ou bourguignonne, d'une belle bière blonde ou d'un cidre bouché...

C'est remettre ses pas dans les pas de son père, y puiser le présent et fabriquer l'avenir en poursuivant son chemin au gré des vents éternels, regardant impuissant les heures qui s'effilochent en dévorant les nôtres.

Gérard Bardon

2013

Janvier	Février	Mars	Avril	Mai	Juin
1 M JOUR del'AN	1 V Ella	1 V Aubin	1 L L. de Pâques	1 M F. du travail	1 S Justin
2 M Basile	2 S Présentation	2 S Charles le B.	2 M Sandrine	2 J Boris	2 D Blandine
3 J Geneviève	3 D Blaise	3 D Guénolé	3 M Richard	3 V Phil., Jacq.	3 L Kévin
4 V Odilon	4 L Véronique	4 L Casimir	4 J Isidore	4 S Sylvain	4 M Clotilde
5 S Edouard	5 M Mardi-Gras	5 M Olive	5 V Irène	5 D Judith	5 M Igor
6 D Epiphanie	6 M Cendres	6 M Colette	6 S Marcellin	6 L Prudence	6 J Norbert
7 L Raymond	7 J Eugénie	7 J Félicité	7 D J.-B. de la S.	7 M Gisèle	7 V Gilbert
8 M Lucien	8 V Jacqueline	8 V Jean de Dieu	8 L Julie	8 M Armistice 1945	8 S Médard
9 M Alix	9 S Appoline	9 S Françoise	9 M Gauthier	9 J Ascension	9 D Diane
10 J Guillaume	10 D Arnaud	10 D Vivien	10 M Fulbert	10 V Solange	10 L Landry
11 V Paulin	11 L N.-D. Lourdes	11 L Rosine	11 J Stanislas	11 S PENTECOTE	11 M Barnabé
12 S Tatiana	12 M Félix	12 M Justine	12 V Jules	12 D Jean.-d'Arc	12 M Guy
13 D Yvette	13 M Béatrice	13 M Rodrigue	13 S Ida	13 L Rolande	13 J Antoine de P.
14 L Nina	14 J Valentin	14 J Mathilde	14 D Maxime	14 M Matthias	14 V Elisée
15 M Rémi	15 V Claude	15 V Louise	15 L Paterne	15 M Denise	15 S Germaine
16 M Marcel	16 S Julienne	16 S Victorien	16 M Benoît-J.	16 J Honoré	16 D F. des Pères
17 J Roseline	17 D Alexis	17 D Patrice	17 M Anicet	17 V Pascal	17 L Hervé
18 V Prisca	18 L Bernadette	18 L Cyrille	18 J Parfait	18 S Eric	18 M Léonce
19 S Marius	19 M Gabin	19 M Joseph	19 V Emma	19 D Pentecôte	19 M Romuald
20 D Sébastien	20 M Aimée	20 M PRINTEMPS	20 S Odette	20 L Bernardin	20 J Silvère
21 L Agnès	21 J P. Damien	21 J Vendredi St	21 D Anselme	21 M Constantin	21 V ETE
22 M Vincent	22 V Isabelle	22 V Léa	22 L Alexandre	22 M Emile	22 S Alban
23 M Barnard	23 S Lazare	23 S Rameaux	23 M Georges	23 J Didier	23 D Audrey
24 J Fr. de Sales	24 D Modeste	24 D Cath. de Suede	24 M Fidèle	24 V Donatien	24 L Jean-Bapt.
25 V Conv. S. Paul	25 L Roméo	25 L Annonciation	25 J Marc	25 S Sophie	25 M Prosper
26 S Paul	26 M Nestor	26 M Larissa	26 V Alida	26 D F. des Mères	26 M Anthelme
27 D Angèle	27 M Honorine	27 M Habib	27 S Zita	27 L Augustin	27 J Fernand
28 L Th. d'Aquin	28 J Romain	28 J Gontran	28 D Jour du Souv.	28 M Germain	28 V Irénée
29 M Gildas		29 V Gwladys	29 L Cath. de Si.	29 M Aymar	29 S Pierre, Paul
30 M Martine		30 S Amédée	30 M Robert	30 J Ferdinand	30 D Martial
31 J Marcelle		31 D Pâques		31 V Visitation	

Juillet	Août	Septembre	Octobre	Novembre	Décembre
1 L Thierry	1 J Alphonse	1 D Gilles	1 M Thér. de l'E.	1 V TOUSSAINT	1 D Florence
2 M Martinien	2 V Julien-Eym.	2 L Ingrid	2 M Léger	2 S Défunt	2 L Viviane
3 M Thomas	3 S Lydie	3 M Grégoire	3 J Gérard	3 D Hubert	3 M Xavier
4 J Florent	4 D J.-M. Vianney	4 M Rosalie	4 V Fr. d'Assise	4 L Charles	4 M Barbara
5 V Antoine	5 L Abel	5 J Raïssa	5 S Fleur	5 M Sylvie	5 J Gérald
6 S Mariette	6 M Transfiguration	6 V Bertrand	6 D Bruno	6 M Bertille	6 V Nicolas
7 D Raoul	7 M Gaétan	7 S Reine	7 L Serge	7 J Carine	7 S Ambroise
8 L Thibault	8 J Dominique	8 D Nativité N.-D.	8 M Pélagie	8 V Geoffroy	8 D Im. Concept.
9 M Amandine	9 V Amour	9 L Alain	9 M Denis	9 S Théodore	9 L Pierre Fourier
10 M Ulrich	10 S Laurent	10 M Inès	10 J Ghislain	10 D Léon	10 M Romaric
11 J Benoît	11 D Claire	11 M Adelphe	11 V Firmin	11 L Armistice 1918	11 M Daniel
12 V Olivier	12 L Clarisse	12 J Apollinaire	12 S Wilfried	12 M Christian	12 J Jean. Fr.-Ch.
13 S Henri, Joël	13 M Hippolyte	13 V Aimé	13 D Géraud	13 M Brice	13 V Lucie
14 D FÊTE NAT.	14 M Evrard	14 S La Ste Croix	14 L Juste	14 J Sidoine	14 S Odile
15 L Donald	15 J ASSOMPTION	15 D Roland	15 M Thér. d'Avila	15 V Albert	15 D Ninon
16 M N-D Mt-Carmel	16 V Armel	16 L Edith	16 M Edwige	16 S Marguerite	16 L Alice
17 M Charlotte	17 S Hyacinthe	17 M Renaud	17 J Baudoin	17 D Elisabeth	17 M Gaël
18 J Frédéric	18 D Hélène	18 M Nadège	18 V Luc	18 L Aude	18 M Gatien
19 V Arsène	19 L Jean-Eudes	19 J Emilie	19 S René	19 M Tanguy	19 J Urbain
20 S Marina	20 M Bernard	20 V Davy	20 D Adeline	20 M Edmond	20 V Abraham
21 D Victor	21 M Christophe	21 S Matthieu	21 L Céline	21 J Prés. Marie	21 S Pierre C.
22 L Marie-Mad.	22 J Fabrice	22 D Maurice	22 M Elodie	22 V Cécile	22 D HIVER
23 M Brigitte	23 V Rose de L.	23 L AUTOMNE	23 M Jean de C.	23 S Christ Roi	23 L Armand
24 M Christine	24 S Barthélemy	24 M Thècle	24 J Florentin	24 D Flora	24 M Adèle
25 J Jacques	25 D Louis	25 M Hermann	25 V Crépin	25 L Cath. L.	25 M NOËL
26 V Anne, Joach.	26 L Natacha	26 J Côme, Dam.	26 S Dimitri	26 M Delphine	26 J Etienne
27 S Nathalie	27 M Monique	27 V Vinc. de P.	27 D Emeline	27 M Séverin	27 V Jean
28 D Samson	28 M Augustin	28 S Venceslas	28 L Simon, Jude	28 J Jacq. de la M.	28 S Innocents
29 L Marthe	29 J Sabine	29 D Michel	29 M Narcisse	29 V Saturnin	29 D David
30 M Juliette	30 V Fiacre	30 L Jérôme	30 M Bienvenue	30 S Avent	30 L Roger
31 M Ignace de L.	31 S Aristide		31 J Quentin		31 M Sylvestre

2013

Sommaire

Bonne lecture pour 2013

une Femme

Hélène DUC

Hélène Duc est née à Bergerac le 22 mars 1917.

Son profil de comédienne se dessine dès son enfance. Très vite, elle affiche une passion pour le théâtre et pour les lettres. Adolescente, elle intègre, à Marseille, la Compagnie théâtrale du Rideau Rouge, créée et dirigée par André Roussin et Louis Ducreux.

A la fin des années 30, Hélène Duc aborde tout naturellement le professorat. Parmi ses élèves, une certaine... Juliette Greco!

Un peu plus tard, elle rejoint la compagnie théâtrale de Jean-Pierre Grenier et d'Olivier Hussenot. Les grands noms du théâtre de cette époque!

Mais Hélène Duc est aussi passionnée de cinéma. Elle rencontre Jacques Becker, qui la lance dans le grand bain, en 1944, mais pour un tout petit rôle, dans "Falballas", où elle doit se contenter de... deux répliques! Mais ces répliques sont données avec un tel talent que Jacques Becker se promet de lui confier un rôle plus en rapport avec ses possibilités, qu'il estime très grandes. Ainsi interprètera-t-elle, après la guerre, en 1951, le rôle de la mélomane mondaine d' "Edouard et Caroline".

Puis Hélène Duc se marie avec le fils du Général Catroux, l'un des principaux généraux qui ont suivi De Gaulle en 1940.

Hélène Duc dans la Résistance

Au début des hostilités avec l'Allemagne nazie, la famille Marx, française et d'obédience israélite depuis plusieurs générations, vit à Paris, où le fils, Robert, est inscrit comme comédien sous le nom de Robert Marcy.

Et, tandis que monsieur et madame Marx, avec leur fille, Annette, s'installent à Montpellier, Robert est engagé dans la troupe de la Radiodiffusion nationale, repliée à Marseille. Mais le directeur, apprenant les origines juives de Robert, le licencie, appliquant ainsi à la lettre les récentes lois antisémites! Robert doit se contenter alors de jouer de petits rôles dans des troupes locales. Puis il tombe malade et rejoint ses parents à Montpellier. A-t-il senti le vent tourner?... Quoi qu'il en soit, il a eu du flair, car tous les autres acteurs de la troupe avec qui il devait jouer seront déportés en 1942!

1942! L'année du débarquement allié en Afrique du Nord! L'année de l'invasion, par contre-coup, de la zone sud, dite libre, par les Allemands.

Dès lors, Robert sent que toute sa famille est en danger partout. Il change de nom et devient Robert Morand. Puis il demande à sa camarade de troupe, Hélène Duc, de l'abriter chez elle. La comédienne, sans hésiter, accepte et cache Robert chez sa mère, Jeanne. Mais elle pense avec raison que la Dordogne offrirait à Robert un asile plus sûr. Elle emmène son ami et sa famille au hameau de Peymilou de Prigonrieux, chez Simone et Jacques Rousseau. Les Marx y passent tout l'hiver 1943.

Tous les résistants qui se cachaient savaient très bien qu'ils ne devaient pas rester trop longtemps à la même adresse. Jeanne et Hélène Duc trouvent donc un nouveau refuge pour la famille de Robert Marx, à Saint-Georges Blancaneix. Elles s'occupent de tout! Les Marx devant rester cachés, ce sont elles qui se chargent des courses indispensables à leur survie.

Le village devient même quelques mois plus tard un centre du maquis et la maison de Robert une infirmerie de fortune. Les Duc et les Marx se transforment en infirmiers! Plusieurs fois, les troupes allemandes cernent le village. La maison est menacée. Des expéditions punitives sont lancées par les nazis contre des gens du village. Par miracle, la famille et les amis d'Hélène Duc, ne sont jamais menacés et ils peuvent rester là jusqu'à la fin de la guerre!

Parmi tant d'autres, Hélène Duc a également hébergé son ancienne élève, Juliette Greco. Celle-ci va à l'adresse qu'elle connaît à Paris, 20 rue Servandoni, où vit Hélène Duc, avec une communauté de comédiens, d'étudiants, d'artistes de variétés, de Juifs. Là, elle découvre la liberté de moeurs et d'esprit des gens du spectacle mais aussi la misère. Pour passer l'hiver très rude, elle ne dispose que d'un pantalon et d'une veste que lui a donné le peintre Bernard Quentin. Pour avoir plus chaud, elle laisse pousser ses cheveux car, de plus, elle n'a pas assez d'argent pour aller chez le coiffeur. C'est ainsi qu'est né le style "Juliette Greco"!

Entre-temps, Hélène et sa mère auront sauvé de la déportation des dizaines de Juifs.

Hélène Duc et la religion

C'est un certain Werner Burki qui nous fait part des sentiments religieux qui animent Hélène Duc.

Les racines protestantes de l'actrice naissent à Bergerac. Dans ses "Mémoires", publiés aux éditions Pascal, Hélène Duc évoque l'ancrage d'un protestantisme chevillé au corps. Elle dit sa gratitude à la Providence et se souvient qu'enfant, elle disait à sa mère: "Le bonheur est une prière!". Une phrase spontanée " car, dit-elle, dans tous les moments heureux, j'avais envie de remercier Dieu de toute cette joie qui m'était donnée.

Si Hélène Duc est une terrienne, elle est aussi très sensible à la mer qui, pour elle, représente l'espace sans limite, la liberté de l'esprit et de l'âme et la possibilité d'un coeur comblé. Quand elle parle de sa mère, infaillible sur la Réforme, les paroles des cantiques sont là comme un réconfort. Elle sait par coeur: "Mon rocher, ma forteresse, mon asile protecteur"!

Hélène Duc est très attachée à l'Oratoire, son lieu de culte lors de son arrivée à Paris. "Ce temple, dit-elle, me faisait rêver car tellement chargé d'Histoire. Et elle ajoute: "Puisqu'il faut disparaître un jour, pourquoi ne pas se rapprocher de cette maison des souvenirs, maison du rêve, maison de Dieu?"

Et Werner Burki conclut:

" Il est temps pour celle qui rêvait de faire rêver, elle qui écoutait les sermons des pasteurs de l'Oratoire, de rêver à son tour, comme il se doit, que sa place y est toujours restée marquée. Nous la retrouvons avec joie comme l'une des nôtres au sein de l'Aperol (Association Presbytérale de l'Eglise Réformée de l'Oratoire du Louvre). "

Sa carrière cinématographique

Après la guerre, Hélène Duc renoue avec sa passion pour le cinéma.

A partir de 1955, ce sont des rôles comiques qui lui sont proposés. Elle est la Préfète dans "Les Grandes manoeuvres", puis la secrétaire de Paul Meurisse dans "Le déjeuner sur l'herbe" en 1959, puis celle de Fernandel dans "Le Caïd", en 1960, puis la milliardaire dans "La chasse à l'homme", en 1964.

Elle n'en oublie pas pour autant ses talents de tragédienne et interprète remarquablement le grand Racine.

Au cinéma, après les rôles comiques, les réalisateurs successifs vont lui confier des rôles de grandes bourgeoises, plutôt caricaturales. Dans "Comment réussir en amour", en 1962, elle est l'épouse de Jacques Charon, qui se crêpe le chignon avec Dany Saval. En 1968, elle est encore une dame très mondaine.

Un rôle enfin à sa hauteur lui est donné en 1972-1973, un rôle qui lui donnera la célébrité qu'elle mérite. Dans la première adaptation télévisée des "Rois Maudits", de Maurice Druon, réalisée par

suite page 8

Claude Barma, elle interprète de façon magistrale la comtesse Mathilde ou Mahaut d'Artois. Rôle où elle doit subir la haine de son neveu Robert III, qu'elle a dépossédé de son héritage au profit de ses filles, Jeanne et Blanche. Autoritaire et impopulaire, la comtesse Mahaut est victime d'accusations graves, tout particulièrement d'avoir tué le petit Jean Ier. Mais rusée et combative, elle triomphe de ses détracteurs.

Très modestement, Hélène Duc acceptera la proposition de Josée Dayan de jouer un petit rôle, en 1996, dans la nouvelle version des "Rois Maudits": elle y interprète le rôle très secondaire de Madame de Bouville, la femme du sénéchal de Bouville, interprété merveilleusement par Jean-Claude Brialy.

On ne peut oublier, cependant, que le rôle de la comtesse Mahaut d'Artois, dans la version de Josée Dayan, sera interprété par une autre très grande actrice, Jeanne Moreau!

Roger Hanin offre à Hélène Duc, en 1975, un rôle très différent dans "Le Faux cul", une comédie d'espionnage qu'il produit et réalise et où elle interprète une femme lesbienne, savourant des revues pornographiques! En 1987, elle est la mère aveugle... et avare de Jean Carmet dans "Miss Mona". La même année, Jacques Monnet lui donne un rôle bien différent dans "Promis... juré": grand-mère du petit héros, elle allie avec beaucoup de brio bagout et sobriété.

Le cinéma semble l'oublier quelque peu par la suite. On la revoit cependant fugitivement dans "Les Soeurs Soleil", en 1997. Miguel Courtois lui confie le second rôle féminin dans "Un ange", en 2001: elle y interprète une voyante aveugle (quelle curieuse juxtaposition que celle de ces deux adjectifs!), qui est involontairement mêlée à une série de meurtres. La même année, Etienne Chatiliez, dans "Tanguy", lui donne le rôle de la mère narquoise de'André Dussolier et la grand-mère du "Pékinois", alias... Tanguy.

Hélène Duc, écrivain

L'actrice a tenu à écrire en 2005 sa propre biographie dans un livre qu'elle a intitulé " Hélène Duc, entre cour et jardin" et qui a été publié aux éditions Pascal. Elle y retrace évidemment son parcours, qu'elle appelle son "siècle de mémoires", entre sa jeunesse, la vie dans le Périgord, l'Occupation, la Résistance, les personnes qu'elle a sauvées de la déportation et... sa carrière de comédienne, s'attardant notamment sur son rôle de Mahaut d'Artois dans "Les Rois Maudits".

Dans ce livre, riche d'érudition, de tendresse, d'anecdotes, Hélène Duc raconte ses rencontres prestigieuses avec les plus grands comédiens français de l'époque: Charles Dullin, Louis Jouvet, Jean Vilar, Edwige Feuillère, Pierre Fresnay, Gaby Morlay, Fernandel, Jeanne Moreau, Jean-Paul Belmondo, Jean Poiret, Michel Serrault, Francis Blanche, Jacques Charon, Juliette Gréco, Francis Huster et tant d'autres...

Hélène Duc a aussi écrit un recueil de poésies intitulé " Flammes vives de la poésie 2006 ". L'on y trouve un remarquable poème appelé " Ode pour le clochard abstrait". Il est très court, le voici dans son intégralité:

" Je ne marche pas, je déplace ma solitude
Comme l'oiseau dont le vol déplace la cage.
J'apprivoise ton absence
En affamant mes jours
De mémoire d'herbe,
Le soleil n'a jamais fait tant de miettes
J'admire dans le ciel
La beauté consanguine de deux cerfs-volants
Dans chaque transistor, on entend ta voix.
Un peintre amateur peint sur le chevalet de ton sourire.
Les gens font un bruit de linge qui sèche.
Un clown s'humilie la pâleur en embrassant une geisha
Avant de quitter le parc
J'ai donné mon rire à la mendiante.
La lune montgolfière a dû jeter du lest,
Car la nuit tombe.
Le cerf-volant de mon coeur
S'est pris à l'arbre de tes doigts."

Hélène Duc récompensée pour son talent et son combat

En 2009, Hélène Duc a reçu la Croix de Chevalier de la Légion d'Honneur, puis, en 2011, la Croix d'Officier de la légion d'Honneur.

Auparavant, en 2005, elle avait été reconnue "Juste parmi les Nations" pour avoir sauvé, avec sa mère, Jeanne, des dizaines de Juifs à Bergerac et à Marseille. Et à propos de cette distinction tant méritée, Hélène Duc écrivait le 27 juin 2010:

" En ces temps de folie raciste renaissante, je pense à ce que la France a de meilleur... J'ai eu la chance de connaître des gens qui se sont battus pour combattre l'ignominie raciste. Et leur amitié me donne du courage. J'ai déjà parlé de Claude Bourdet, figure emblématique de la Résistance et qui l'a continuée en luttant pour l'Algérie libre dans la droite ligne de la France libre, ne tolérant aucune occupation, comme il l'a fait en militant pour les Palestiniens. Ce qui ne l'empêche pas d'avoir été nommé "Juste parmi les nations" par Israël car il a oeuvré aux heures terribles contre le nazisme.".

Christian Pénicaud

Les Almanachs
des terroirs de France
c'est comme un peu de terre
qui nous colle aux pieds

CPE
L'éditeur des
ALMANACHS
des terroirs de france
depuis 1993

PÉRIGORD

Photographies d'hier

Janvier

"Si vous voulez que votre femme
écoute ce que vous dites,
dites-le à une autre femme."

Sacha Guitry

Capricorne

Du 22 décembre au 20 janvier

Verseau

Du 21 janvier au 19 février

Balade dans les rues de Sarlat-la-Canéda

Proverbe

Il n'est si bonne bête,
Qui n'ait son vice.

2013

Le cortège des douze mois

Voici les douze mois.
Ils marchent trois à trois.
Janvier mène le grand cortège.
Février sur le même rang
A honte d'être si peu grand,
Et Mars fantasque
A le nez mouillé par la bourrasque.
Admirez Avril qui s'avance,
Son bonnet de fleurs se balance.
Mai joyeux lui donne le bras
Vêtu de rose et de lilas,
Et Juin les tempes vermeilles
A des cerises aux oreilles.
Sur le chemin sec juillet trotte,
Il a du foin dans chaque botte.
Août s'en va, couronné de blé
Et par la chaleur accablé.
Septembre porte sur sa tête
La pomme à cidre et la noisette.
Octobre a mis son tablier
Pour imiter les écoliers.
Novembre dans ses maigres bras
Porte un tas de vieux échalas,
Et Décembre ferme la marche
Triste et froid comme un patriarche.

R.W

(*) Récitation qui s'apprenait dans les écoles au début du XXe siècle. Le temps a fait oublier le nom de l'auteur et les véritables vers du mois d'octobre. Poème recueilli en 2002 auprès d'une dame de Vicherey (Vosges) âgée de 92 ans.

Janvier

Le premier jour ensoleillé de janvier rejette les attendrissements de décembre. Il y a un petit air nouveau dans les rues qui réveille les passants. Le soleil n'a pas beaucoup de moyens, mais il les met tous dans la balance, et tant de conviction entraîne les populations. Le ciel a le visage propre et frais d'une jouvencelle, et les demoiselles enveloppées dans leurs tissus comme des boutons de rose suggèrent que le printemps et les amours ne sont pas aussi loin qu'on pourrait le croire. Une bébête mal informée s'aventure à une promenade sur les mottes. L'olivier, criblé d'olives noires, comme l'esprit de la campagne, n'a pas d'ombre. Un oisillon, très minoritaire et quelque peu obtus, trouvant des graines à picorer, dit que l'hiver n'est qu'illusion. Moi aussi je ferme les yeux à l'évidence et je pratique le carpe diem, comme les petits vieux assis sur la place et qui attendent l'heure du repas.

P.V

Mardi 1er Janvier
JOUR de l'AN

matin

après-midi

Mercredi 2 Janvier
St BASILE

matin

après-midi

Jeudi 3 Janvier
Ste GENEVIÈVE

matin

après-midi

Vendredi 4 Janvier
St ODILON

matin

après-midi

Samedi 5 Janvier
St EDOUARD

matin

après-midi

Dimanche 6 Janvier
ÉPIPHANIE

matin

après-midi

Belvès L'origine du nom

C'est probablement vers 250 av. J.C. que la tribu des Bellovaques arrive dans cette région du sud de la Dordogne, que l'on appelle le Périgord noir. Utilisant un éperon rocheux dominant la vallée de la Nauze, les Bellovaques installent leur lieu de refuge, où ils escomptent bien faire commerce avec les habitants de la région.

Lors de l'occupation romaine, apparaît le nom de Civitas Bellovacencis, qui deviendra Belvès.

Du Moyen Age à nos jours

De l'époque gallo-romaine, on ne trouve que très peu de traces. Tout juste sait-on que l'église Saint-Victor de Sagelat fut construite sur le site d'une villa gallo-romaine.

En 416, ce sont les Wisigoths qui s'installent sur cet éperon, suivis, en 507, par les Francs de Clovis.

Arrive alors un ermite, Avit, qui s'installe dans la forêt de la Bessède, près du village qui porte aujourd'hui son nom : Saint-Avit-Sénieur. Le christianisme se répand alors très vite dans la région. Et l'ermite crée plusieurs paroisses entre 530 et 570.

suite page 13

Les petits trucs Beauté

Pour avoir un teint frais et lumineux :

Enduisez-vous le visage d'un blanc d'œuf légèrement battu avec un peu de jus de citron. Gardez le masque 20 minutes puis rincez à l'eau froide. Au quotidien, buvez chaque matin un verre de jus de raisin.

La recette de Grand-Mère

Le tourain blanchi

Pour 4 personnes

6 œufs frais
3 cuillères à soupe de graisse de canard
8 gousses d'ail • 1 cuillère à soupe de farine
2 cuillères à soupe de vinaigre de vin
Sel • Poivre du moulin

Faites fondre dans le faitout la graisse et faites dorer l'ail sans la brûler. Ajoutez une cuillère à soupe de farine, bien mélanger. Versez 1,5 l d'eau froide. Délayez. Salez, poivrez, portez à ébullition. Cassez les œufs: mettez les jaunes dans la soupière et les blancs un par un dans le faitout. Laissez cuire les blancs 5 mn. Battez les jaunes avec le vinaigre. Versez le bouillon, bien mélanger avec la louche. Servez sur des tailles en laissant «coufir» le pain.

L'époque médiévale est, à Belvès comme dans la France entière, une période extrêmemnt troublée et forcément très compliquée. Belvès va subir pendant de très longues années les conséquences de la rivalité entre Français et Anglais. Belvès est assiégée par les uns, reprise par les autres un nombre de fois considérable !

Ce que l'on peut dire, c'est que ce "village aux sept clochers" est un village fortifié (ou castrum) datant du XIème siècle.

Intervention des Cathares, de Simon de Montfort, de Geoffroy de Vivans, des archevêques de Bordeaux, du Prince Noir !... Deux jacqueries successives! Et le mariage d'Aliénor d'Aquitaine avec Henri Plantagenêt, la folie du roi Charles VI n'arrangent rien.

Les Guerres de Religion sont suivies par un âge d'or dans toute la région, avec la construction de châteaux et d'hôtels particuliers : à Belvès, subsistent la nef de l'église Notre-Dame, l'hôtel Bontemps, les remparts, la Tour de l'Auditeur, un château du XIIème siècle, la Maison des Consuls, quelques maisons très anciennes et... des habitations troglodytiques. ■

Christian Pénicaud

Le saviez-

Le diable et la boule

Voici l'origine du dolmen de Vitrac (Dordogne) près de Domme : l'ange du mal jouait à la boule avec des rochers ; une voix céleste se fit entendre ; le monstre effrayé disparut, laissant la partie dans cet état.

Janvier 2013

Lundi **7** *Janvier*
St RAYMOND

matin

après-midi

Mardi **8** *Janvier*
St LUCIEN

matin

après-midi

Mercredi **9** *Janvier*
St ALIX

matin

après-midi

Jeudi **10** *Janvier*
St GUILLAUME

matin

après-midi

Vendredi **11** *Janvier*
St PAULIN

matin

après-midi

Samedi **12** *Janvier*
Ste TATIANA

matin

après-midi

Dimanche **13** *Janvier*
Ste YVETTE

matin

après-midi

Janvier 2013

Lundi **14** Janvier
Ste NINA

matin

après-midi

Mardi **15** Janvier
St RÉMI

matin

après-midi

Mercredi **16** Janvier
St MARCEL

matin

après-midi

Jeudi **17** Janvier
Ste ROSELINE

matin

après-midi

Vendredi **18** Janvier
Ste PRISCA

matin

après-midi

Samedi **19** Janvier
St MARIUS

matin

après-midi

Dimanche **20** Janvier
St SÉBASTIEN

matin

après-midi

Groléjac

Les 654 habitants de ce petit village périgourdin bénéficient s'une situation exceptionnelle au bord de la Dordogne, à 10 km seulement de Sarlat, capitale du Périgord noir. Au milieu des circuits touristiques de la vallée de la Dordogne, Groléjac est toute proche de la vallée de la Vézère.

Les responsables territoriaux de cette commune doivent dons, presque en permanence, revoir à la hausse les infrastructures du site, tant les visiteurs se pressent pour découvrir ou redécouvrir un patrimoine historique et préhistorique unique original. Ainsi le réseau routier doit-il sans cesse être amélioré. Mais, par ailleurs, la commune a créé une halle, transformé un ancien marais en base de loisirs autour d'un étang de 15 hectares, le plan d'eau du Roc Percé, et aménagé ce qui constitue l'une des cinq réserves naturelles de la région Aquitaine. Les activités de plein air sont très nombreuses: baignade surveillée, pêche, pédalo, barque, planche à voile, tennis, piste cyclable, bases de canoë, chemins de randonnée !... Les touristes et les résidents peuvent être satisfaits. Campings, restaurants, hôtels, gîtes, chambres et maisons d'hôtes se sont multipliés.

Le plan d'eau du Roc Percé

Il existait déjà au milieu du XVIIIème siècle. Mais, petit à petit, il s'est envasé à un point tel qu'il était devenu "le marais de Groléjac". Ce sont la commune et le Conseil général qui se sont attelés à la tâche pour le recreuser et le remettre en état et, au milieu d'un parc boisé de 45 hectares, lui redonner toute sa splendeur. Cependant, une partie de l'ancien marais a été conservé: une réserve naturelle y a été créée et protégée.

suite page 15

Les petits trucs Beauté

Un soin express bonne mine :

Appliquez sur votre vissage une cuillerée à soupe de miel bio mélangée à quelques gouttes de jus de citron. Cela favorise la réhydratation et donne à votre peau un petit coup de fouet. Après un rinçage à l'eau tiède, vous retrouvez une peau de pêche.bouteilles.

La recette de Grand-Mère

Le vieux coq en daube

Pour 6 personnes

1 gros coq • 1 pied de veau • 1 bouteille de vin rouge
3 carottes • 2 oignons • 3 gousses d'ail
Sel • Poivre • 3 cuillerées à soupe d'huile
Beurre • 4 épices • Thym • Laurier

Flambez le coq et découpez-le en 10 morceaux dans une terrine, recouverts de bon vin rouge.
Epluchez, coupez et ajoutez les carottes, les oignons et l'ail, parfumez le tout d'une feuille de laurier, une branchette de thym, bien entendu, sel, poivre et 4 épices.
Couvrez la terrine et laissez mariner jusqu'au lendemain.
Le lendemain. Egouttez les morceaux de volaille; faire fondre un morceau de beurre dans une cocotte, ajoutez 3 cuilerées d'huile, faites revenir, ajoutez la marinade et le pied de veau, bien lavé, coupé en deux.
Aux premiers bouillons, couvrez la cocotte et laissez cuire à petit feu 3 à 4 heures, suivant l'âge de la volaille.
En fin de cuisson, goûtez la sauce, bien la poivrer.

Autour de la plage de sable fin, ont été installés différents espaces réservés à des jeux divers, avec aire de pique-nique, buvette et sanitaires. Un espace spécial est consacré à la pêche.

La réserve naturelle du marais

Créée en 2002, elle s'est donné pour but la préservation de la biodiversité. Elle constitue un patrimoine biologique remarquable ; un parcours a été aménagé tout au long de la réserve. ■

Christian Pénicaud

Le saviez-vous ?

Beaumont du Périgord

Aux XIIIème et XIVème siècles surgirent dans le Sud-Ouest et particulièrement en Périgord, des villes nouvelles : les Bastides tracées d'après un plan régulier tel un échiquier. Beaumont fut édifié en 1272 par Lucas de Thaney (sénéchal de Guyenne) du roi Edouard Ier d'Angleterre. Etait promis alors à la population toute une série d'avantages : droit de liberté et de propriété.

Janvier 2013

Lundi **21** Janvier
Ste AGNÈS
matin
après-midi

Mardi **22** Janvier
St VINCENT
matin
après-midi

Mercredi **23** Janvier
St BARNARD
matin
après-midi

Jeudi **24** Janvier
St FR. DE SALES
matin
après-midi

Vendredi **25** Janvier
CONV. St PAUL
matin
après-midi

Samedi **26** Janvier
Ste PAULE
matin
après-midi

Dimanche **27** Janvier
Ste ANGÈLE
matin
après-midi

Lundi **28** Janvier
St THOMAS D'AQUIN

matin

après-midi

Mardi **29** Janvier
St GILDAS

matin

après-midi

Mercredi **30** Janvier
Ste MARTINE

matin

après-midi

Jeudi **31** Janvier
Ste MARCELLE

matin

après-midi

Conte d'Hier...

Le Petit Chaperon rouge (1)

Il était une fois une petite fille de village à qui sa mère avait fait faire un petit Chaperon rouge, qui lui allait si bien, que partout on l'appelait le petit Chaperon rouge.

(Suite page 22)

Le Bénitier de Villac

L'abbé Teyssandier, curé de Villac, avait signalé à la Société historique et archéologique du Périgord une pierre, désignée dans sa paroisse sous le nom de Bénitier, creusée en forme de cuvette et munie d'une rigole, située, disait-il, à 1 500 mètres du bourg, au lieu dit le Chalard, petit plateau désert que l'imagination des habitants de la contrée se plaisait à entourer de légendes. Des vieillards rapportaient qu'on avait autrefois immolé de jeunes enfants sur cette pierre et que la rigole qu'on y voyait servait à l'écoulement du sang ; légende cependant indécise et s'effaçant devant des traditions absolument chrétiennes.

Selon d'autres, en effet, la pierre du Bénitier avait également servi de baptistère ; un rocher voisin, creusé en forme de niche, porte le nom de confessionnal ; enfin, on prétendait qu'une église s'était anciennement dressée sur le Chalard. Comment pourrait-on mettre en doute que ce lieu ait été habité ? Si, prenant une pierre, on la laisse retomber sur le sol, on entend un bruit sourd : c'est la résonance des caveaux ou de ces souterrains étranges que l'on sait avoir existé sous toutes les constructions du vieux temps.

Chargé par ses confrères de la Société archéologique d'aller étudier par lu-même la pierre du Bénitier, Michel Hardy profita d'une belle journée de septembre 1881 pour se rendre à Villac et, consignant le récit de son voyage, confiera plus tard avoir été déçu quand il parvint sur le plateau du Chalard : « Comme il arrive souvent lorsque des récits de légende ont surexcité notre imagination, je ne pus me défendre d'un sentiment de surprise en avançant sur cette pointe de coteau aride, sans horizon et de quelques ares seulement de superficie. Evidemment, j'avais rêvé toute autre chose, et, placé en face de la réalité, j'éprouvais un peu de désappointement. Ce ne fut toutefois qu'une impression d'un instant, et, rappelé bien vite à moi-même, je repris de sang-froid mon rôle de géologue et d'antiquaire. Le plateau du Chalard, relié à la plaine du côté du nord, est partout ailleurs entouré de vallons profonds, par delà desquels l'œil ne découvre que des coteaux boisés, et, à l'est, le village du Mas. Des lichens abondants, des bruyères et quelques jeunes chênes de bois taillis en composent toute la végétation. Le grès rouge affleure en maints endroits et forme sur les bords du plateau de petites falaises.

suite page 17

Remède d'autrefois, déconseillé...

Incontinence d'urine :

Manger une souris rôtie ; — ou la membrane intérieure de l'estomac de poule ; — ou la peau avec le poil d'une taupe séchée et pulvérisée. — Cataplasme de vessie de porc réduite en poudre.

...pour les malades d'aujourd'hui !

« Mon attention se porta tout d'abord sur la pierre du Bénitier, monument, il est vrai, bien singulier. Il est situé à l'angle sud-est du Chalard et se présente sous la forme d'une cuvette à peu près circulaire, ayant 60 centimètres de diamètre et 30 centimètres de profondeur. Une rigole de 20 centimètres de longueur, dirigée de l'ouest à l'est, en entraîne les eaux pendant les grandes pluies dans le vallon. Si, descendant de quelques pas dans ce vallon, on se retourne vers le Bénitier, on remarque que le sillon profond tracé par les eaux pluviales, après avoir suivi le pied du rocher supérieur, prend de nouveau sa direction vers le vallon. Ces premières observations me donnèrent à croire que le Bénitier lui-même n'avait été creusé que par l'action combinée des vents et de la pluie, et ce qui n'était encore qu'une conjecture devint bientôt une certitude. Je remarquai que la cuvette, loin d'avoir ses parois taillées régulièrement, présentait à sa partie médiane un renflement circulaire, sorte de bourrelet correspondant à une couche plus dense de la roche.

« La cause de l'évidement du Bénitier m'était dès lors connue. Etant donnée, en effet, sur un rocher horizontal, une première dépression, si minime qu'elle soit, les eaux pluviales qui s'y arrêtent, délitant quelques particules de la pierre, en formeront des grains de sable qu'enlèvera le premier vent de bise. Avec la succession des siècles, la dépression, à peine reconnaissable à l'origine, aura pris les proportions d'une large cuvette comme celle du Bénitier. Ces faits trouvent leur confirmation dans la pierre dite le Confessionnal, située sur le même plateau, à quelques mètres plus loin vers le sud. Mais ici l'érosion s'est produite dans une paroi verticale et a déterminé une excavation en forme de niche qui s'arrête brusquement à une couche horizontale plus dense. L'excavation est assez grande pour qu'un homme puisse s'y tenir assis. Les rochers du Chalard offrent du reste de nombreux exemples semblables, quoique dans des proportions beaucoup moindres, de l'action érosive des pluies.

Convaincu par les observations de l'archéologue et déjà voyant disparaître à demi le mystère qui planait sur ce plateau, le curé lui demanda s'il était en mesure de lui expliquer la résonance si extraordinaire du sol. La réponse de Michel Hary était toute prête ; un simple coup d'œil avait suffi pour lui démontrer que la masse rocheuse du Chalard était fendue et disloquée de toutes parts. D'où provenaient ces dislocations ? De la même cause qui avait fait se briser les rochers de la Sudrie, ou peut-être d'un soulèvement brusque de la roche. Quoi qu'il en soit, ces déchirures se voient partout dans la coupe du terrain, et la vibration de l'air entre leurs parois suffit à expliquer comment se renforce le son produit par le moindre ébranlement du sol. ■

Bulletin de la Société historique et archéologique du Périgord 1882

Le saviez-vous ?

Le Périgord Blanc

Situé au cœur du département, le Périgord Blanc est nommé ainsi en raison de la blancheur de la pierre du pays, incomparable pour exercer l'art des sculpteurs.

Il est sillonné par les vallées de l'Isle et de l'Auvézère propices à la pêche.

Cette terre accueille Périgueux, capitale du département.

Métier d'autrefois

Le bûcheron au pied de son arbre. On le voit dégager les broussailles et les pierres qui pourraient le gêner dans ses différentes manœuvres. Ces précautions ne sont pas vaines. Il entreprend ensuite l'entaillage de l'arbre qu'il exécute presque au ras du sol.

Le seigneur de La Calprenède, créateur d'« Artaban »

Tout le monde connaît l'expression « fier comme Artaban » ! Mais demandez donc à Pierre, Paul ou Marie s'ils savent qui était Artaban… nul doute qu'ils devront ouvrir un dictionnaire !

Alors, qui était ce personnage si fier ?… En fait, il n'a jamais existé, si ce n'est que plusieurs rois parthes de l'histoire du Moyen-Orient portèrent ce nom. Mais ce n'est pas à eux que pensait le créateur de cette expression, un mousquetaire appelé Gautier de Costes, seigneur de La Calprenède.

Ce mousquetaire est né au château de Toulgou, sur la commune de Saint-Crépin-et-Carlucet, près de Sarlat, en Dordogne, vers 1610, date à laquelle, comme l'on sait, était assassiné Henri IV. Ce château, avec son allée de charmes séculaires, est voisin du manoir d'Eyrignac, tout autant réputé que ses jardins, créés à l'image des jardins italiens de l'époque, jardins inscrits aujourd'hui parmi les Plus Beaux Jardins de France. Célèbre, ce manoir l'est encore par ses salons, au milieu desquels trône le portrait de ce Gautier de Costes.

Le seigneur de La Calprenède

Tout d'abord destiné à une carrière de juriste, cet homme, passionné d'écriture, se tourna vers la littérature, puis vers le théâtre. Mais c'est après avoir écrit sa première tragédie, « la Mort de Mithridate », qu'il se dirigea vers la carrière des armes. Il entra en tant que cadet dans le régiment des Gardes du Roi. Nommé officier avec le titre de « gentilhomme ordinaire de la Chambre du Roi », il fut ainsi fréquemment appelé à faire preuve à la cour de ses talents de conteur.Il passait même pour un charmant causeur et attira rapidement autour de lui les dames d'honneur de la reine, à qui il racontait des histoires merveilleuses, histoires qu'il se plut à écrire, en s'excusant, selon ses propres dires, « de manier la plume d'une main qui ne portait que l'épée » !…

Il publia alors une dizaine de pièces de théâtre, qui déplurent à Richelieu, qui les trouvait « un peu lâches ». Gautier de Costes répondit très vertement au Premier Ministre :

« Comment ? Lâches ! Cadédis ! Il n'y a rien de lâche dans la maison de La Calprenède ! »

Puis il se trouna vers le roman. Malgré ce style « trop lâche », il passionna les foules ainsi que les passionnés de lettres, inventant même le roman historique. Ses romans-fleuves, lus le soir à la veillée, émouvaient les dames des cours, mais plaisaient aussi à des hommes tels que Condé ou Fouquet ou, mieux encore, à Molière lui-même, ce qui n'était pas un mince honneur'était pourtant pas le cas de Madame de Sévigné qui n'hésitait pas à dire de lui :

« Le style de La Calprenède est maudit en mille endroits. Je trouve qu'il est détestable et je ne me laisse pas de m'y prendre comme à de la glu. »

Cet ancien mousquetaire savait en effet, par la peinture de nobles sentiments ou celle de scènes héroïques, à flatter les gens de cour.

Artaban

C'est à cette époque, entre 1640 et 1645, qu'il écrivit son roman « Cléopâtre », en douze volumes (comme la plupart de ses romans) et c'est dans ce roman de 4153 pages qu'il inventa le personnage d'Artaban, personnage symbolisant la fierté stupide, arrogante et sotte. L'expression « fier comme Artaban » naquit donc à cette époque et, après avoir traversé les siècles, est encore fréquemment utilisée aujourd'hui. Même le regretté Michel Colucci, dit « Coluche », y faisait allusion avec son humour devenu légendaire, quand il disait « fier comme un bar-tabac ». En fait, cette expression est ce qui reste de plus marquant de l'œuvre de La Calprenède, peu connue de nos jours, du moins du commun des mortels. Ce qui peut s'expliquer par son « style trop lâche », comme disait Madame de Sévigné, mais aussi probablement par son aspiration sans réserve à la longueur de ses œuvres, écrites, aux dires des critiques, sans méthode et sans mesure. Les mêmes critiques s'accordent pourtant à dire qu'avec ses qualités d'écrivain et de poète, de conteur admirable, il aurait pu rivaliser avec les grands écrivains ou dramaturges de son temps, les Molière, Corneille et autres Racine.

Mais, pour être juste, la carrière littéraire de Gautier de Costes aurait pu se prolonger et lui permettre de passer véritablement à la postérité si la chance ne l'avait pas abandonné ! En effet, un premier accident de tir lui valut d'être défiguré. Et, en octobre 1663, victime d'un coup de tête au front, reçu de son cheval effrayé par un convoi de bœufs, il mourut sans avoir pu finir certains de ses romans ou certaines de ses pièces, notamment « Pharamond », qui fut terminée par un certain Vaumorière. ■

Christian Pénicaud

Carnet de notes de Papounet le jardinier

Du jardin d'hiver…

Le Poireau

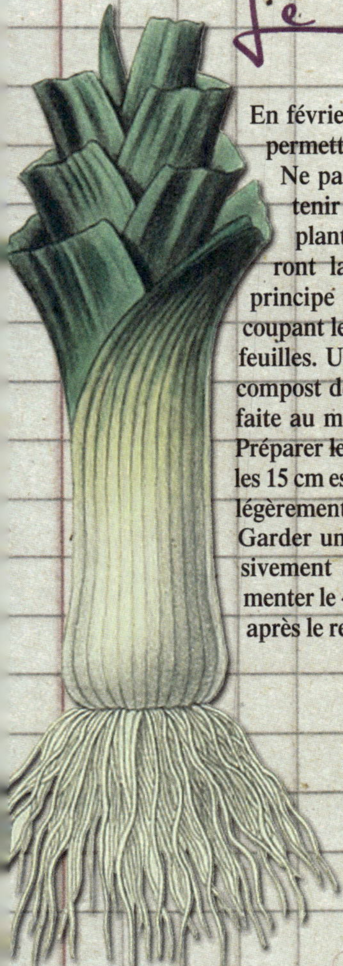

En février faire un semis pas trop épais pour permettre aux plants de grossir sans se gêner. Ne pas trop recouvrir les graines et maintenir une humidité durant la levée. Les plants seront bons à repiquer dès qu'ils auront la grosseur d'un crayon et cela en principe fin juin. Habiller les poireaux en coupant le bout des racines et l'extrémité des feuilles. Une bonne fumure de fond, à base de compost de fumier bovin bien décomposé, sera faite au moment de la préparation du terrain. Préparer les sillons, puis repiquer les plants tous les 15 cm espacés de 30 cm entre les rangs. Tasser légèrement au pied et arroser copieusement. Garder une bonne humidité et butter progressivement après une bonne reprise pour augmenter le « blanc ». La récolte commence 4 mois après le repiquage se prolongeant tout l'hiver.

Dans la marmite

Gratin de poireaux aux lardons

8 beaux poireaux • 3 oignons
400 g de lardons • 100 g de gruyère râpé
60 g de beurre • Sel fin • Poivre du moulin

Préparer et couper les poireaux en tronçons de 1 cm environ puis les cuire 20 minutes à la vapeur. Pendant ce temps, faire revenir au beurre les lardons et les oignons émincés dans un sautoir. Égoutter les poireaux, les ajouter aux lardons et aux oignons, bien mélanger et mettre dans un plat en terre. Saupoudrer avec le gruyère râpé et faire gratiner 10 minutes au four th 7.

Le Marron

Le marron, fruit comestible du châtaignier, ne doit pas être confondu avec le marron d'Inde, graine toxique du marronnier d'Inde, que l'on appelle aussi couramment marron. Les châtaigniers sont cultivés en forêt ou dans des vergers, parfois dans des parcs. Les marronniers sont des arbres originaires des Balkans, qui supportent les plantations urbaines ou routières : les marrons que l'on peut trouver en ville sont donc très souvent des marrons d'Inde. Le marron d'Inde a probablement été nommé par analogie au marron comestible, on ne peut donc pas parler d'abus de langage lorsque l'on utilise ce nom plutôt que « châtaigne ».

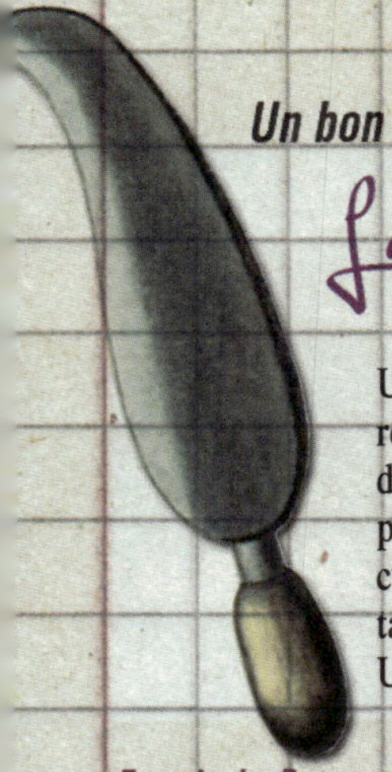

Un bon outil :

La Serpette

Une serpette est un outil de jardinage, ressemblant à un couteau ou à un canif dont la lame est recourbée. Elle est utilisée pour la découpe de petites branches, la cueillette de fleurs ou de fruits, et pour certaines opérations de greffe de plantes. Une serpette est une petite serpe.

Extrait du *Potager à l'assiette* de Jean-Marc Gourbillon, aux éditions CPE

Photographies d'hier

Février

"Si on t'avait foutu à la lourde chaque fois que t'as fait des conneries, t'aurais passé ta vie dehors."

Michel Audiard

Verseau

Du 21 janvier au 19 février

Poissons

Du 20 février au 20 mars

Balade dans les rues de Périgueux

Proverbe

La rotte vaut l'fagot'
(les deux époux se valent).

2013

La Chandeleur fête de février

La Chandeleur était principalement fêtée par les populations des campagnes parce qu'elle coïncidait avec la fin progressive des grands froids de l'hiver et l'apparition timide du début de la germination des plantes. Elle constituait en quelque sorte une espèce de démarcation inter-saisonnière entre les rigueurs hivernales et les promesses printanières. Un dicton de Maligny, localité du Chablisien, précisait autrefois que « la Chandeleur rompait le cou aux veilleurs », marquant ainsi la fin des veillées au début de février. Cette cérémonie du 2 février a remplacé une fête infiniment plus profane : celle des Lupercales, consacrée à Rome au dieu Pan, et condamnée par le Pape Gélase, en 472, pour son caractère licencieux.

Mimosas

Le mimosa revient tous les ans, et toujours aussi jeune, toujours égal au souvenir que j'ai de lui, boulettes vaporeuses et ébouriffées au parfum discret et entêtant. Tous les ans je reviens en cueillir quelques branches et je constate que pour lui le temps ne passe pas, qu'il ne prend pas une ride, toujours blond, toujours frais, toujours adolescent. Il me donne, un moment, l'impression d'être comme lui, de boire comme lui à la source de jeunesse. Mais je me réveille et peste contre Dieu, qui a deux poids et deux mesures. Puis je me calme, parce que je comprends que si février doit rester éternellement beau, c'est parce que d'un côté il lui est interdit de durer et de l'autre d'avoir des souvenirs. Or moi j'aime autant mon souvenir du mimosa que le mimosa lui-même.

P.V

Conte d'Hier...

Le Petit Chaperon rouge (2)

Un jour sa mère ayant fait des galettes lui dit : va porter cette galette et ce petit pot de beurre à ta grand-mère qui est malade. Le petit Chaperon rouge se mit en chemin pour aller chez sa grand-mère. (Suite page 26)

Février 2013

Notes

Vendredi 1er Février
Ste ELLA

matin

après-midi

Samedi 2 Février
Présentation

matin

après-midi

Dimanche 3 Février
St BLAISE

matin

après-midi

Antoine Guillemet

Né à Chantilly en 1841 et mort à Mareuil sur Belle, en Dordogne, en 1918, Jean-Baptiste Antoine Guillemet est un peintre proche des impressionnistes.

Après avoir suivi les cours de Daubigny, d'Oudinot et de Corot, il présente en 1859 une copie du "Radeau de la Méduse" de Géricault, qui lui avait été commandée. Il fréquente alors de nombreux peintres: Pissarro, Claude Monet, Gustave Courbet. Vers 1868, Manet le fait poser pour son tableau célèbre, "Le Balcon", aux côtés de Berthe Morisot.

En 1872, il fait la rencontre d'Emile Zola. L'influence de ce dernier est telle que Guillemet se tourne vers le naturalisme. Mais c'est Zola qui s'inspire de la flamme révolutionnaire de Guillemet pour créer, dans "L'Œuvre", le personnage de Gagnière.

Vers le succès

Sur Antoine Guillemet, un amateur d'art anglais écrit un jour :

" Ses paysages restent d'une honnête moyenne, clairs et lumineux".

Bien que refusé aux Salons de 1866 et de 1867, Guillemet découvre vite les honneurs. Il est nommé chevalier de la légion d'Honneur en 1880, officier en 1896 et commandeur en 1910. Il soutient les impressionnistes, et plus particulièrement Monet et Cézanne. C'est grâce à Guillemet, membre du jury en 1882, que Cézanne peut exposer l'une de ses oeuvres au Salon.

Son œuvre

A partir de 1881, Guillemet crée des oeuvres qui lui sont inspirées par le Cotentin et le Val de Saire : très sensible à la lumière tamisée de cette partie de la côte, il y revient tous les étés. Ainsi compose-t-il de nombreux tableaux représentant cette région et particulièrement Saint-Vaast-la-Hougue :

suite page 23

Les petits trucs Beauté

Contre les yeux cernés :

Déposez sur les paupières des sachets de thé refroidis quelques heures au frigo. Vous pouvez aussi laisser poser des disques de cotons imbibés d'eau de bleuet sur vos yeux pendant 10 minutes. C'est très efficace.

La Plage à Saint-Vaast-la-Hougue (exposée au Salon de 1881), Morsalines (exposée en 1882), Le Hameau de Landemer (exposée en 1886), La Baie de Morsalines et La Hougue (exposées en 1887), La Chapelle des Marins à Saint-Vaast-la-Hougue (1888), La Baie de Saint-Vaast et Coup de vent (1890), Saint-Vaast-la-Hougue (1893), Mer basse sur Saint-Vaast-la-Hougue (1895), Barfleur (1896), et enfin La Tour de la Hougue, qui fut présentée à l'Exposition universelle de Paris en 1900. ■

Christian Pénicaud

Le saviez-vous ?

Dessins Préhistoriques

C'est dans une grotte située à Combarelles, commune de Tayac, que la trouvaille au tout début du XXe siècle. Cette grotte, de l'époque paléolithique, est en réalité un long boyau de deux cent vingt-cinq mètres de long dont la largeur varie de un mètre cinquante à deux mètres et dont la hauteur se réduit sur certains points à cinquante centimètres et atteint trois mètres à d'autres endroits.

A l'entrée, les parois sont recouvertes d'une épaisse couche de stalactites. Les dessins ne commencent qu'à cent mètres environ de l'ouverture. Ces premiers essais artistiques sont aussi nets et aussi remarquables que les plus belles gravures sur os de l'époque magdalénienne. Les animaux représentés sont le cheval, le bœuf, l'auroch, le bouquetin, l'antilope saïga, le renne et enfin le mammouth. Cette dernière représentation fut pour l'époque une trouvaille tout à fait nouvelle, elle permit de constater les caractères de cet animal, front très haut avec concavité médiane, défenses très courbes, poils, pieds typiques.

Lundi **4** *Février*
Ste VÉRONIQUE

matin ....

après-midi ....

Mardi **5** *Février*
Ste AGATHE

matin ....

après-midi ....

Mercredi **6** *Février*
St GASTON

matin ....

après-midi ....

Jeudi **7** *Février*
Ste EUGÉNIE

matin ....

après-midi ....

Vendredi **8** *Février*
Ste JACQUELINE

matin ....

après-midi ....

Samedi **9** *Février*
Ste APPOLINE

matin ....

après-midi ....

Dimanche **10** *Février*
St ARNAUD

matin ....

après-midi ....

Lundi **11** Février
N.-D. LOURDE

matin

après-midi

Mardi **12** Février
St FÉLIX

matin

après-midi

Mercredi **13** Février
Ste BÉATRICE

matin

après-midi

Jeudi **14** Février
St VALENTIN

matin

après-midi

Vendredi **15** Février
St CLAUDE

matin

après-midi

Samedi **16** Février
Ste JULIENNE

matin

après-midi

Dimanche **17** Février
CARÊME

matin

après-midi

Javerlhac et la Chapelle Saint-Robert

Il s'agit là d'une commune constituée de deux villages jumelés au XIXème siècle, La Chapelle Saint-Robert et Javerlhac, et de plusieurs hameaux. Elle fait partie du Parc naturel régional Périgord-Limousin et comprend environ 900 habitants.

Au milieu de prairies,de champs et de bois de chênes et de châtaigniers, cette commune est traversée par une rivière, le Bandiat qui, un peu plus haut, reçoit un petit affluent, la Doue.

Le sol de l'endroit est calcaire, ce qui est propice à la présence de nombreuses cavités.

Javerlhac

Javerlhac existait certainement dès la Préhistoire; certaines fouilles archéologiques le prouvent. Au XIème siècle, des moines bénédictins construisirent une abbaye dont il ne subsiste que l'église. Un premier château y fut construit au XIIIème siècle. Incendié par le comte de Cambridge, il fut reconstruit vers 1500. Un moulin à huile, le moulin Martin, et un pigeonnier faisaient partie des biens du château.

suite page 25

Les petits trucs Beauté

Pour effacer les traces de fatigue :

Commencez par vous nettoyer le visage avec une eau florale bio. Humidifiez une serviette avec de l'eau chaude puis détendez vous 10 min, avec la serviette sur le visage. Enfin, appliquez une couche de miel (1 c. à soupe environ) pour faciliter la réhydratation. Après un rinçage à l'eau tiède, vous serez toute fraiche !

La recette de Grand-Mère

La sauce Périgueux

80 g de truffe • 150 g de poitrine • 6 échalotes
1 cuillère de graisse de canard
1 verre de vin blanc sec de Bergerac
2 cuillères à soupe de madère
1 cuillère à soupe de farine

Faites revenir à la poêle la poitrine coupée en dés avec l'échalotte hachée. Ajoutez le vin blanc, le madère. Prolongez la cuisson à feu doux. Liez avec la farine, la graisse et 2 cuillères à soupe d'eau chaude. Coupez en lamelles la truffe. Laissez mijoter 10 mn.

Un peu plus loin, près des rives du Bandiat, se trouve "Forge Neuve", une ancienne forge royale de canons. Avec cette forge, un certain Marc-René de Montalembert peut fournir à la marine les canons de fonte de fer dont elle a besoin. La forge devient fonderie à canons pour la marine royale en 1753. Il existait donc à Javerlhac un haut-fourneau qui utilisait le fer présent dans la région.

La Chapelle Saint-Robert

Vers 1050, Robert de Turlande, premier abbé de La Chaise-Dieu, en Haute-Loire, envoie l'un de ses disciples, Raoul Passeron, fonder un prieuré qui deviendra La Chapelle Saint-Robert. Seule subsiste une magnifique église romane, restaurée par les Bâtiments de France, classée monument historique.

Françoise de La Chassaigne

Née vers 1545, Françoise était la fille de Joseph de La Chassaigne, notamment seigneur de Javerlhac et conseiller du Roi. Jeune femme de la petite noblesse bordelaise, elle devint la femme de l'auteur des "Essais", le philosophe célèbre Michel de Montaigne. Le couple eut sif filles dont une seule survécut, Eléonore! ■

Christian Pénicaud

Le saviez-vous ?

Le Carnaval des soufflets de Notron

Cette tradition remonte au Moyen Âge. Elle n'a survécu qu'à Nontron et à Saint-Claude dans le Jura. Il s'agit vraisemblablement d'une farce satirique au cours de laquelle le peuple s'affuble de masques et de déguisements qui lui permet, en se défoulant, de brocarder les puissants et les riches, et notamment, les prêtres et les moines.

Février 2013

Lundi 18 Février — Ste BERNADETTE

matin

après-midi

Mardi 19 Février — St GABIN

matin

après-midi

Mercredi 20 Février — Ste AIMÉE

matin

après-midi

Jeudi 21 Février — St P. DAMIEN

matin

après-midi

Vendredi 22 Février — Ste ISABELLE

matin

après-midi

Samedi 23 Février — St LAZARE

matin

après-midi

Dimanche 24 Février — St MODESTE

matin

après-midi

Février 2013

Lundi **25** *Février* — St ROMEO

matin

après-midi

Mardi **26** *Février* — St NESTOR

matin

après-midi

Mercredi **27** *Février* — Ste HONORINE

matin

après-midi

Jeudi **28** *Février* — St ROMAIN

matin

après-midi

Conte d'Hier...

Le Petit Chaperon rouge (3)

La grand-mère demeurait dans un village voisin ; en passant dans le bois, le petit Chaperon rouge rencontra compère le loup qui lui demanda où elle allait, elle répondit : je vais porter cette galette et ce pot de beurre à ma grand'mère malade. **(Suite page 32)**

Les rites agricoles

Chacun sait que la météorologie est d'une importance capitale pour l'agriculture. Et les paysans périgourdins le savent bien, car, comme ailleurs, leur subsistance dépend du bon vouloir de la terre et des fruits qu'elle procure... à condition que cette terre soit entretenue et arrosée comme il faut.

Mais la météorologie est une science neuve. Et, tant qu'elle n'était pas devenue ce qu'elle est aujourd'hui, même si les météorologues se trompent encore, il s'est construit en Périgord un ensemble de traditions basées sur l'observation et l'expérience, mais aussi de rites tenant plutôt de la superstition ! D'ailleurs, les dictons foisonnent, concernant le temps qu'il va faire demain, dans huit jours ou dans deux mois ! Le dicton le plus répandu en Dordogne est :

« Les jours qui vont de Noël aux Rois
Indiquent le temps qu'il fera ».

La veille de Noël, il est de coutume de déposer une pincée de sel dans douze moitiés d'oignons, que l'on a au préalable creusées et qui figurent les douze mois de l'année. C'est au retour de la messe de Minuit seulement que l'on pourra prévoir le temps de l'année : les oignons dont le sel a fondu signalent les mois où la pluie sera abondante.

Les fêtes religieuses, qui proviennent souvent d'anciens rites païens, sont riches de superstition. Les champs sont ainsi bénits lors des Rogations, période qui précède l'Ascension et pendant laquelle les terres et les bêtes sont placées sous la protection divine. Les arbres fruitiers sont arrosés de bouillon gras afin qu'ils se chargent de fruits. On peut aussi répandre ce bouillon sur le fumier que l'on étalera dans les champs de blés, afin que ceux-ci soient prolifiques.

La danse, autrefois, était très présente dans les rites périgourdins pour obtenir beaucoup de chanvre et beaucoup de navets. ■

C.P

Remède d'autrefois, déconseillé...

Lumbago **(tour di rins)**

Soulever la chemise du patient et lui signer les reins avec le gros orteil de votre pied dénudé. — Infusion de semence de cresson, sur du vinaigre ; — ou de lierre arborescent sur du lait. — Appliquer une patte de lièvre sur le siège du mal. — Faire dissoudre dans du café un nombre impair de crottes de souris séchées.

...pour les malades d'aujourd'hui !

Carnet de notes de Papounet le chanteur

Chanson d'hier...

Marion à la Fontaine

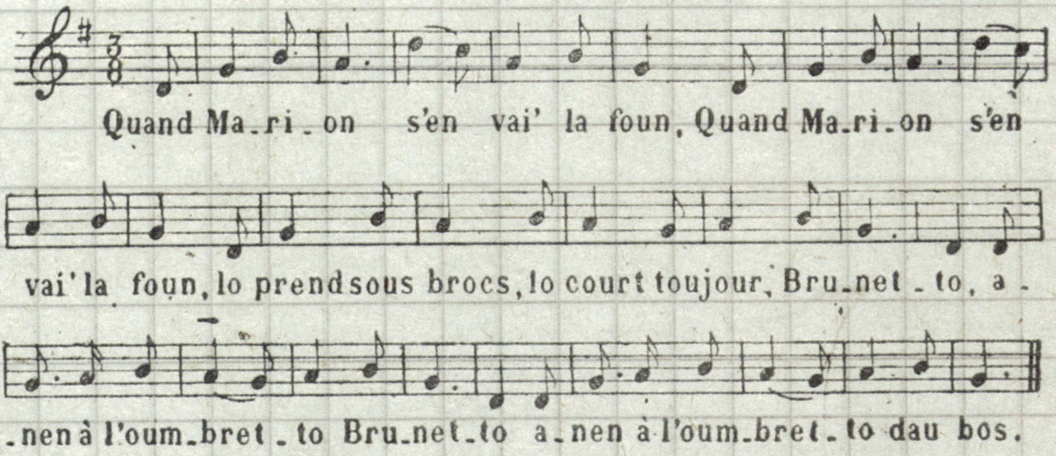

Quand Marion s'en vai la foun *(bis)*,
Lo prend sous brocs, lo court toujours

Brunetto,
Anen à l'oumbretto
Brunetto,
Anen à l'oumbretto dau bos.

En son chami rencountro amour.
Amour, amour, embrassen nous.
Fasen vite, despeichen nous.
Lou ai lo pâto dedin lou four,
Lou meignajous au bersadou.
Lou ai moun homé qu'ey tant jaloux !
Pleit à Diou que tous lous jaloux,
Que tous lous jaloux fussiant moutons !
Y pourtarian lous cournichous.

Tradution

Quand Marion va à la fontaine *(bis)*,
Elle prend ses brocs, elle court toujours.

Brunette,
Allons à l'ombrette,
Brunette,
Allons à l'ombre du bois.

En son chemin rencontra amour.
Amour, amour, embrassons-nous.
Faisons vite, dépêchons-nous ;
J'ai la pâte au four,
Les enfants au berceau ;
J'ai mon homme qui est si jaloux !
Plût à Dieu que tous les jaloux.
Fussent des moutons,
Ils porteraient des cornes.

Périgord

Adieu paure Carnaval

Chanson du Périgord

(Occitan)

Adieu paure, adieu paure,
Adieu paure Carnaval
Tu t'en vas e ieu demòri
Adieu paure Carnaval
Tu t'en vas e ieu demòri
Per manjar la sopa a l'alh
Per manjar la sopa a l'òli
Per manjar la sopa a l'alh
Adieu paure, adiu paure,
Adieu paure Carnaval
La joinessa fa la fèsta
Per saludar Carnaval
La Maria fa de còcas
Amb la farina de l'ostal
Lo buòu dança, l'ase canta
Lo moton ditz sa leiçon
La galina canta lo Credo
E lo gat ditz lo Pater

Adieu, pauvre Carnaval

(Français)

Adieu, pauvre, adieu pauvre,
Adieu pauvre Carnaval
Tu t'en vas et moi je reste
Adieu pauvre Carnaval
Tu t'en vas et moi je reste
Pour manger la soupe à l'ail
Pour manger la soupe à l'huile
Pour manger la soupe à l'ail
Adieu pauvre, adieu pauvre,
Adieu pauvre Carnaval
La jeunesse fait la fête
Pour saluer Carnaval
Marie fait des brioches
Avec la farine de la maison
Le bœuf danse, l'âne chante
Le mouton dit sa leçon
La poule chante le Credo
Et le chat dit le Pater ■

Métier d'autrefois

Le forgeron appelé aussi maréchal-ferrant De son échoppe du maréchal ferrant d'où s'échappait une forte odeur de corne brûlée. La chanson du marteau sur l'enclume réveillait le village au petit matin.

Carnet de notes de Papounet le jardinier

Du jardin d'hier...

Le Chou pomme

Les choux pommés rouges ou blancs se cultivent pratiquement toute l'année. Quelle que soit la période, le mode de culture reste le même. En février, faire les semis de cabus sous châssis pour une récolte au début de l'été. Quand les plants atteignent 6 feuilles, les repiquer.

Pour une récolte de chou Milan en automne et hiver, faire le semis en mai. Le chou préfère un sol riche en humus et d'humidité constante. La durée de culture varie suivant l'espèce mais prévoir environ 4 mois. Creuser des sillons de 8 cm de profondeur espacés de 50 cm. Repiquer les plants tous les 50 cm. Arroser copieusement. Il est recommandé de bien pailler le sol pour garder une bonne humidité.

Dans la marmite

Nids de choucroute aux pommes et moules

1 kg de moules • 450 g de choucroute crue
2 pommes • 1 oignon rouge • 1 échalote
1 bouquet de ciboulette • 15 cl de vin blanc
3 cuillères de vinaigrette balsamique
10 cl d'huile d'olive • Sel, poivre du moulin.

Verser le vin blanc dans un faitout avec l'échalote hachée. Porter à ébullition, ajouter les moules, faire ouvrir en les remuant quelques minutes.
Ensuite les décortiquer, filtrer le jus et le faire réduire jusqu'à ce qu'il reste la valeur de trois cuillères au plus. Hacher les pommes, l'oignon rouge et la ciboulette. Faire une vinaigrette avec le jus de moule, l'huile d'olive et l'assaisonnement. Rincer la choucroute, puis mélanger les pommes et les moules. Former un nid au centre de chaque assiette, mettre au milieu la garniture, arroser de vinaigrette et déguster frais.

La Prune Reine Claude

Tous les terrains semblent convenir à ce fruitier peu exigeant. Cependant éviter les sols trop argileux et humides, qui favorisent la végétation au détriment des fruits. Planter l'arbre dans un trou profond et large, ajouter du compost décomposé et des cornes broyées, remettre un peu de terre meuble et planter l'arbre. Faire une cuvette pour un arrosage fréquent, le paillage permet de conserver le sol frais. Le prunier devrait commencer à produire la quatrième année. Les cochenilles, pucerons, acariens ainsi que la rouille sont à redouter. Traiter à la bouillie bordelaise additionnée d'une solution au savon de noir.

Un bon outil :

La brouette

La brouette est un petit tombereau « à bras ». C'est l'outil ergonomique pour le transport de matériaux ou d'outils. Incontournable dans les jardins, elle facilite le déplacement de charges qui peuvent être lourdes ou simplement encombrantes.

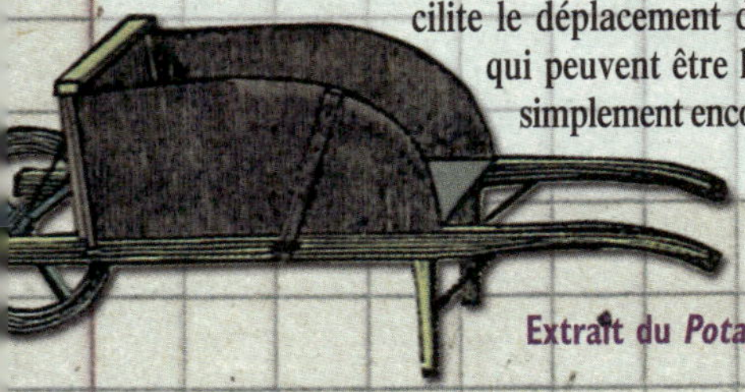

Extrait du *Potager à l'assiette* de Jean-Marc Gourbillon, aux éditions CPE

Photographies d'hier

La recette de Grand-Mère

La sobronade

Pour 6 personnes

700 g de haricots blancs secs • 500 g d'échine de porc
150 g de jambon de pays • 100 g de lard frais
4 pommes de terre • 3 carottes • 2 navets
1 bouquet garni (thym et laurier)
1 oignon • 5 gousses d'ail
3 clous de girofle • 150 g de pain rassis

La veille, faites tremper les haricots blancs secs dans un saladier rempli d'eau froide. Puis égouttez-les pour la préparation de la recette.
Coupez le jambon de pays en dés et l'échine de porc.
Mettez dans un faitout les haricots, la viande et le jambon et ajoutez 4 litres d'eau froide. Portez à ébullition puis laissez cuire à feu doux pendant 1 heure.
Découpez finement la tranche de lard, faites revenir à la poêle doucement.
Epluchez les navets, coupez en rondelles et faites revenir dans la graisse du lard.
Versez le tout dans le faitout.
Epluchez les légumes, découpez-les en dès, piquez l'oignon épluché des clous de girofle. Pelez l'ail.
Ajoutez à la préparation. Laissez cuire à couvert sur feu doux durant 2 heures.
Le bouillon sera servi dans la soupière tapissée de tailles (pain rassis coupé en lamelles).
La viande est les légumes feront un plat d'hiver savoureux et consistant.

Le saviez-vous ?

Le Périgord vert s'organise administrativement

Le Pays du Périgord vert est une structure de regroupement de collectivités locales françaises située dans le département de la Dordogne et la région Aquitaine. Le Périgord vert qualifie deux intercommunalités : la communauté de communes du Périgord vert autour de Saint-Pardoux-la-Rivière et la communauté de communes du Périgord vert granitique autour de Bussière-Badil et Piégut-Pluviers. C'est aussi le nom d'une association de collectivités territoriales : le Pays Périgord Vert

Mars 2013

Lundi **4** Mars
St CASIMIR

matin

après-midi

Mardi **5** Mars
Ste OLIVE

matin

après-midi

Mercredi **6** Mars
Ste COLETTE

matin

après-midi

Jeudi **7** Mars
Ste FÉLCITÉ

matin

après-midi

Vendredi **8** Mars
St JEAN DE DIEU

matin

après-midi

Samedi **9** Mars
Ste FRANÇOISE

matin

après-midi

Dimanche **10** Mars
St VIVIEN

matin

après-midi

Mars 2013

Lundi 11 Mars
Ste ROSINE

matin

après-midi

Mardi 12 Mars
Ste JUSTINE

matin

après-midi

Mercredi 13 Mars
St RODRIGUE

matin

après-midi

Jeudi 14 Mars
Ste MATHILDE

matin

après-midi

Vendredi 15 Mars
Ste LOUISE

matin

après-midi

Samedi 16 Mars
Ste BÉNÉDICTE

matin

après-midi

Dimanche 17 Mars
St PATRICE

matin

après-midi

Le Bugue sur Vézère

(suite)

Fort malheureusement, la vieille ville, située au confluent de la Douch et de la Vézère, fut rasée au XIXème siècle, à cause d'un plan de restructuration très décrié. Si bien que beaucoup d'archives disparurent, en même temps que la plus grande partie des vieilles bâtisses et monuments qui restaient un témoignage d'un passé historique aujourd'hui disparu!

Le Bugue, aujourd'hui

La ville est maintenant tournée vers l'une des activités essentielles du Périgord : le tourisme. Et ceux qui en assurent le développement s'affairent à la préservation de ses plus beaux joyaux : le village du Bournat, l'Aquarium du Périgord noir, le Gouffre de Proumeyssac, la Grotte de Bara-Bahau, le Musée de la Paléontologie, Jacquou Parc et bien d'autres encore.

Le quartier médiéval

Il s'étend sur le bord de la Vézère, entre la rue de paris et le chemin de la bessade. L'un des bâtiments anciens a résisté aux assauts du temps et des destructions de quelques personnes inconséquentes: le moulin de Bas, qui date des XIIème et XVIème siècles. Il abrite aujourd'hui l'Office de Tourisme.

Le village du Bournat

On le trouve au bord de la Vézère en direction des Eyzies. Beaucoup l'appellent "le village à remonter le temps". Il s'agit d'un village géré par des artisans qui ont voulu reconstituer la vie d'autrefois, grandeur nature. Sur quatre hectares, il évoque la vie quotidienne de l'époque du XIXème siècle.

Ecole, église, mairie sont bien présentes, mais on y trouve aussi un lavoir, un chai et, bien sûr, toute une gamme d'ateliers reproduisant les gestes anciens, avec outils, vêtements et matériaux d'époque. Les enfants y trouvent aussi leur place avec de nombreuses attractions foraines, des manèges anciens, gratuits, et des ateliers conçus spécialement pour eux : sculpture sur pierre, écriture à la plume ou encore modelage.

suite page 36

Les petits trucs Beauté

Pour les cheveux gras :

Vos cheveux sont gras, testez ce remède naturel. Posez une fois par semaine sur votre chevelure le mélange suivant : 3 cuillerées à soupe de yaourt nature et 1 jaune d'oeuf battu. Laissez poser 20 minutes puis rincez à l'eau vinaigrée.

La recette de Grand-Mère

La soupe de carcasse de canard

Pour 6 personnes

1 carcasse de canard
1 rave • 1 chou
5 pommes de terre
3 poireaux
1 branche de céleri
1 bouquet garni (thym et laurier)
2 cuillères à soupe de graisse de canard
2 cuillères à soupe de farine
Gros sel • Poivre du moulin

La veille salez la carcasse et gardez au frais.
Avant de cuisiner, brossez la carcasse pour retirez l'exédent de gros sel.
Dans le faitout faites revenir la rave épluchée et coupée en rondelles. Ajoutez la farine puis arrosez de 3 litres d'eau froide.
Portez à ébullition, ajoutez la carcasse.
Laissez cuire à feu moyen 1 heure.
Epluchez les légumes, mettez-les dans le faitout. Prolongez la cuisson 2 heures.
Au moment de servir la soupe, sortez la carcasse et la «curer». Mettez les morceaux de viandes dans le faitout.
Versez dans la soupière.

Le saviez-vous ?

Thalie de Molènes, une écrivain Périgourdine

Elle est née en 1931. Son père, un avocat fut député socialiste de la Dordogne, elle n'eu guère l'occasion de le connaître puisqu'il mourut avant ces 4 ans. Sa une mère fut une des premières femmes au barreau de Paris. Son mère gagna le maquis de Dordogne durant la guerres. L'un de ses cousins rejoint comme pilote la France libre. Thalie se maria à dix-huit ans, Elle publia jeune ces premiers romans pour la jeunesse. Elle collabore aux émissions radiophoniques Jeunesse oblige, Interdit aux plus de seize ans, Première répliques puis écrit plusieurs pièces radiophoniques pour le théâtre de l'Étrange. À partir de 1968, elle produit des émissions pour la jeunesse sur les chaînes de l'Outre-mer. Elle devient ensuite la rédactrice en chef de la revue Jeunes Années et Jeunes Années magazine. Elle publia de nombreux romans pour la jeunesse édités par Flammarion. Dans les années 2000, elle se consacre à l'écriture de romans et de nouvelles.

Mars 2013

Lundi 18 Mars
St CYRILLE
matin
après-midi

Mardi 19 Mars
St JOSEPH
matin
après-midi

Mercredi 20 Mars
PRINTEMPS
matin
après-midi

Jeudi 21 Mars
St CLÉMENT
matin
après-midi

Vendredi 22 Mars
Ste LÉA
matin
après-midi

Samedi 23 Mars
St VICTORIEN
matin
après-midi

Dimanche 24 Mars
RAMEAUX
matin
après-midi

Mars 2013

Lundi 25 Mars
Annonciation

matin

après-midi

Mardi 26 Mars
Ste LARISSA

matin

après-midi

Mercredi 27 Mars
St HABIB

matin

après-midi

Jeudi 28 Mars
St GONTRAN

matin

après-midi

Vendredi 29 Mars
Ste GWLADYS

matin

après-midi

Samedi 30 Mars
Ste AMÉDÉE

matin

après-midi

Dimanche 31 Mars
PÂQUES

matin

après-midi

Le Bugue sur Vézère

(suite)

Plusieurs attractions sont régulièrement organisées : fête des moulins, contes pour enfants, visites nocturnes ayant pour thèmes les croyances et les légendes locales, danses folkloriques, etc.

L'Aquarium du Périgord noir

Il est tout proche du Bournat. Son originalité tient au fait qu'il a été conçu pour qu'on ait l'impression de se trouver au coeur même des rivières. Que ce soit près des bassins à ciel ouvert ou des bassins couverts, les visiteurs ont ainsi l'impression d'être environnés par les poissons. Et ceux-ci ne sont pas moins de six mille, évoluant au milieu de trois millions de litres d'eau!

On y trouve de nombreux poissons classiques des rivières du sud-ouest, des silures, des brochets, des esturgeons, mais aussi des poissons d'eaux tropicales tels que les gouramis ou les piranhas. Et pour être encore plus exotique, on a plongé dans ces bassins "Yacumama", la mère des eaux pour les Indiens du Pérou, "Matatoro", le tueur de taureau, et le redoutable anaconda, véritable serpent guerrier !

La grotte de Bara-Bahau

C'est une grotte d'une centaine de mètres de long, classée monument historique et constituée de calcaire tendre. Sa particularité est de présenter sur ses parois des griffures d'ours et des gravures vieilles de 14 000 ans réalisées avec des silex, gravures représentant des chevaux, des bisons, des aurochs et aussi des mains humaines.

Le gouffre de Proumeyssac

Large de 80 mètres, profond de 50, il s'est formé il y a quelques millions d'années à la suite du retrait des eaux marines qui recouvraient alors toute l'Aquitaine. Un spectacle son et lumière permet de mettre en valeur les superbes concrétions qui s'y développent en permanence sur les parois vertigineuses. ■

Christian Péncaud

Remède d'autrefois, déconseillé...

Migraine (mirin-ne – themicranium)

Invoquer Sainte Béatrice. — Cataplasme de chou rouge écrasé dans du vinaigre de pommes ; — de fiente de brebis. Appliquer au bas-ventre. — Prendre un bain d'avant-bras. On dit que les blanchisseuses ignorent cette affection parce qu'elles ne cessent de plonger les bras dans l'eau savonneuse. — Avaler une balle de plomb. — Ceindre les tempes avec une corde de pendu.

...pour les malades d'aujourd'hui !

Carnet de notes
de Papounet
le jardinier

Du jardin d'hier...

Dans la marmite

Cardes ou Bettes à la crème

1 kg de côtes de bettes
80 g de beurre • 50 g d'échalote hachée
20 cl de crème fraîche
Sel fin, poivre du moulin

Préparer et cuire les côtes dans un blanc, les retirer et les éponger.
Dans un sautoir, les faire étuver pendant 10 minutes avec le hachis d'échalote, le sel et le poivre.
Mouiller avec la crème bouillante et cuire jusqu'à une réduction suffisante.
Servir avec des darnes de saumon grillées.

Bette ou Carde

Dans une caissette, faire le semis vers le mois d'avril. Fin mai, repiquer les plants de bette tous les 50 cm dans un sol frais, profond et riche en humus. Il faut arroser régulièrement pour maintenir une ambiance humide, car ce légume ne supporte pas la sécheresse, mais sans mouiller les feuilles pour éviter les maladies. La récolte des premières côtes se fait environ 90 jours après le semis pour finir aux premières gelées. Si l'on choisit de semer en place, le faire en rangs espacés de 50 cm en tous les sens. Les apports en engrais ne sont pas nécessaires ; toutefois, on peut répandre un engrais riche en azote pour stimuler la repousse après une première récolte.

Dans le jardin
le cardon apprécie le voisinage
des fèves et des laitues

La Cerise

Le cerisier est un arbre bien rustique, que l'on peut adapter à toutes les régions. L'exposer sur un lieu bien ensoleillé, pas trop venté. Il apprécie un sol léger et bien drainé. Côté protection, de nombreuses espèces comme les bigarreaux sont sensibles à la mouche. Les fruits sont également sensibles au monilia. On en constate les effets lorsque les fruits encore sur l'arbre pourrissent. Effectuer un traitement à la bouillie bordelaise à la chute des feuilles, après la taille et avant la fructification.

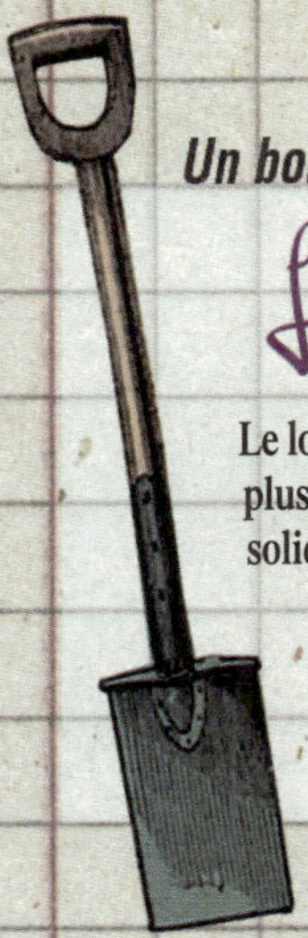

Un bon outil :

Le louchet

Le louchet est une bêche dont la lame est un peu plus étroite et plus longue, de construction plus solide.Ici le manche possède un pommeau qui facilite la prise en main et accentue la pression. Il est utilisé par les pépiniéristes pour déplanter les arbres et arbustes avant de les mettre en containers.

Extrait du *Potager à l'assiette* de Jean-Marc Gourbillon, aux éditions CPE

Eymet – Rue du Pont de Juillet

Photographies d'hier

201. - BELVÈS. - Marché aux Oies

Avril

Un raciste, quand il commande un "Black & White", demande deux verres séparés."

Roland Magdane

Bélier

Du 20 mars au 20 avril

Taureau

Du 21 avril au 21 mai

Balade dans les rues de Le Jardin

Dicton

« Elle a cassé son sabot' »
se dit d'une jeune fille enceinte.

2013

Les Rameaux

Le jour des Rameaux tous les hommes des villages allaient à la messe. Pour beaucoup, c'était l'unique fois de l'année où ils fréquentaient l'église. Vous savez sans doute que le prêtre procède à la bénédiction des rameaux. Ce sont des rameaux de laurier que l'on apporte. Après quoi, le laurier, que la bénédiction avait doté d'un certain nombre de vertus protectrices, était dépouillé de ses branchettes qui étaient réparties un peu partout : derrière les crucifix qui ornaient les chambres de la maison, souvent aussi aux portes des granges et des étables. Ils protégeait de l'orage, du feu, des sortilèges. Ils servaient enfin à asperger les défunts avant leur départ pour le cimetière.

Il y avait beaucoup d'autres traditions, toujours en rapport avec l'idée du renouveau, qui s'attachaient au temps de Pâques. Il fallait, par exemple, veiller à toujours sortir, ce dimanche-là, avec, sur soi, quelque chose de neuf : une chemise ou un chapeau pour les moins riches, par exemple, et la tenue complète, de la tête aux pieds, pour les plus aisés ; on entrait ainsi, renouvelé, dans une période nouvelle.

La maison aussi faisait l'objet de nombreux soins : c'était le grand nettoyage de printemps.

C'est peut-être aux Phéniciens, qui adoraient le Créateur sous la forme d'un œuf, que nous devons les œufs de Pâques. Suivant leur croyance, la nuit, principe de toutes choses, avait engendré un œuf, d'où étaient sortis l'amour et le genre humain.

Lilas

Mon lilas a mis ses plus belles feuilles, les plus tendres, pour fleurir. Toute l'année il est resté discret près de la maison, ne regardant que le ciel, et voici que son arôme printanier se glisse par la fenêtre dans ma chambre et m'empêche d'oublier que la saison des fleurs est là, avec toute la sève du monde, et qu'il ne sert à rien de lui fermer ma porte au nez ou mon nez à la porte. Et pour enfoncer le clou, ma femme en a cueilli quelques tiges, de ce lilas, et les a mises dans un vase sur la table. Je contemple ces grappes aux mille fleurs mauves triomphalement brandies, qui semblent chez elles plus que moi qui, de jour en jour, ne les avais pas vues venir. Et toute cette jeunesse véhémente d'odeur me soûle. Je sais bien qu'elle ne durera pas, que ce n'est qu'un avril et qu'un mai de routine. Je sais aussi qu'elle sera là l'an prochain, et que l'été venu j'en prendrai congé sans trop de regrets.

P.V

Lundi **1er** Avril
LUNDI de PÂQUES

matin

après-midi

Mardi **2** Avril
Ste SANDRINE

matin

après-midi

Mercredi **3** Avril
St RICHARD

matin

après-midi

Jeudi **4** Avril
St ISIDORE

matin

après-midi

Vendredi **5** Avril
Ste IRÈNE

matin

après-midi

Samedi **6** Avril
St MARCELLIN

matin

après-midi

Dimanche **7** Avril
St J.-B. de la S.

matin

après-midi

François-Joseph de Lagrange-Chancel

Charles François-Joseph Victor de Chancel est né au château d'Antoniac, à Razac-sur-l'Isle, près de Périgueux, en 1677. Très vite, on l'a appelé Lagrange-Chancel.

Un poète plutôt sûr de lui

Au sujet de lui-même, il n'hésitait pas à dire : "Je ne savais pas lire que je savais rimer"! Et il n'avait pas entièrement tort : Lagrange-Chancel fut vite reconnu comme un enfant prodige. Très jeune, il composait des vers sur n'importe quel sujet. Vers cinq ou six ans, il lisait déjà les pièces de Corneille et de La Calprenède ! Au point que, de Périgueux, on l'envoy à Bordeaux, dans un collège où il pourrait continuer ses études.

Découvrant le théâtre, il composa même des pièces qu'il interprétait avec ses camarades. Mais son succès l'amena à mettre en scène, vers quatorze ans, un fait divers survenu dans la ville, ce qui provoqua de vives réactions: sa mère décidé alors de l'envoyer à Paris.

Le page de la princesse de Conti

La réputation de cet adolescent s'étendit très vite, tant à cause de sa facilité à écrire des poèmes qu'à inventer des pièces de théâtre, comme sa "Jugurtha". La princesse de Conti, charmée par ce tout jeune homme, l'admit parmi ses pages et le présenta à Louis XIV ! Celui-ci demanda alors à Jean Racine de le guider dans ses compositions littéraires. "Jugurtha" remporta un succès tel que Lagrange-Chancel fut nommé lieutenant dans le régiment du roi, puis dans les Mousquetaires.

Le pamphlétaire

L'auteur dramatique qu'il était devenu allait pourtant être confronté aux aléas de la gloire littéraire ! En 1713, un certain duc de La Force, ami du duc d'Orléans, lui vola l'une de "Ino et Mélicerte", l'une de ses meilleures pièces. La brouille qui s'ensuivit atteignit le Régent, partisan du duc.

suite page 41

Les petits trucs Beauté

Un gommage naturel pour le corps :

Ingrédients : 2 cuillerées à soupe de sucre, 1 cuillerée à soupe d'huile d'amande douce

Mélangez le sucre et l'huile d'amande douce puis appliquez sur le corps par petits massages circulaires. Rincez bien puis appliquez une crème hydratante.

La recette de Grand-Mère

Le canard farci

1 beau canard gras et son foie
150 g de chair de porc
1 truffe de 40 g
3 cuillères à soupe de graisse de canard
Sel • Poivre du moulin

Pour 8 personnes

Nettoyez le foie de canard : enlevez les filets de sang et le fiel. Réservez.
Coupez la truffe en lamelles très fines, mélangez à la chair de porc, salez et poivrez.
Enveloppez le foie de la préparation.
Introduisez le foie dans le canard en agrandissant l'orifice partant du croupion.
Cousez avec de la ficelle de cuisine.
Salez, poivrez le canard et enduisez-le de graisse.
Mettez dans la cocotte.
Cuisez à feu doux pendant 3h30 en arrosant régulièrement du jus de cuisson rendu.

Alors, Lagrange-Chancel n'hésita pas : usant de son talent, il composa contre le Régent des odes extrêmement virulentes, accusant même le duc d'Orléans d'avoir tenté d'empoisonner le jeune Louis XV !…Le résultat ne se fit pas attendre : le poète fut emprisonné aux îles de Lérins, d'où il s'évada. En 1729, il put revenir en France par la grâce du duc de Bourbon, à qui il transmettait des renseignements secrets. ■

Christian Pénicaud

Le saviez-vous ?

L'histoire de Jean Gourinchas

Jean Gourinchas, dit Burgou, chef d'une « bande » de voleurs qui sévit au XIXe siècle en Périgord-Limousin fut le point de départ d'une formidable légende locale. Elle nous entraîne sur les traces d'un personnage noir, sans foi ni loi et de ses acolytes qui effrayent autant qu'ils fascinent déjà à l'époque. En un siècle, l'histoire a fait place au mythe pour lui donner aujourd'hui une image de bandit au grand cœur volant les riches pour donner aux pauvres à la manière d'un Robin des bois.

Avril 2013

Lundi **8** Avril
Ste JULIE
matin
après-midi

Mardi **9** Avril
St GAUTHIER
matin
après-midi

Mercredi **10** Avril
St FULBERT
matin
après-midi

Jeudi **11** Avril
St STANISLAS
matin
après-midi

Vendredi **12** Avril
St JULES
matin
après-midi

Samedi **13** Avril
Ste IDA
matin
après-midi

Dimanche **14** Avril
St MAXIME
matin
après-midi

Lundi 15 Avril
St PATERNE

matin

après-midi

Mardi 16 Avril
St BENOÎT-J.

matin

après-midi

Mercredi 17 Avril
St ANICET

matin

après-midi

Jeudi 18 Avril
St PARFAIT

matin

après-midi

Vendredi 19 Avril
Ste EMMA

matin

après-midi

Samedi 20 Avril
Ste ODETTE

matin

après-midi

Dimanche 21 Avril
St ANSELME

matin

après-midi

Le Périgord noir en calèche

C'est une organisation de Provence qui a mis sur pied ce voyage! Le Périgord attire en effet de nombreuses personnes des autres régions de France. Les grottes préhistoriques, les châteaux, les manoirs, la gastronomie très riche sont quelques-unes des raisons évoquées par les vacanciers.

Cette organisation s'appelle "Azur Voyages" et se trouve à Salon-de-Provence. Le séjour est prévu pour cinq jours, ce qui est peu, compte tenu du fait que le voyage en car prend beaucoup de temps.

Le premier jour

Il est donc réservé au voyage à partir de différentes villes de Provence. Un arrêt est prévu sur l'autoroute. L'arrivée survient vers l'heure du dîner, qui est pris dans un hôtel proche de Sarlat.

Le deuxième jour

Une première étape amène les voyageurs à Mazeyrolles. Puis voici l'heure de la première promenade en calèche. Suit un repas gastronomique. L'après-midi, on prend la direction de l'un des plus beaux joyaux de la Dordogne : Monpazier. Cette ancienne bastide a su conserver son architecture médiévale, avec ses fortifications du XIIIème siècle, ses maisons dont beaucoup sont classées "monuments historiques".

Nouvelle réjouissance gustative : dégustation de foie gras mi-cuit et de pruneaux au chocolat, accompagnée de vins de Monbazillac et de Sauvignon.

Le troisième jour

Aujourd'hui, direction Sarlat, la perle périgourdine ! Après la visite de la cité médiévale et Renaissance, c'est à une balade en gabarre sur la Dordogne que sont conviés les voyageurs. Les châteaux sont à l'ordre du jour, et particulièrement celui des Milandes, celui où Joséphine Baker avait créé son association "Arc-en-Ciel" pour des enfants. Au retour, visite de Beynac et Cazenac.

suite page 43

Les petits trucs Beauté

Un fortifiant naturel et économique pour vos cheveux :

Le jaune d'oeuf est un après-shampoing parfait. Il est idéal pour tonifier et faire briller les cheveux. Sur les cheveux mouillés appliquez 1 ou 2 jaunes d'oeuf battus et massez du bout des doigts.

La recette de Grand-Mère

Le rôti de porc Grand-Mère

Pour 4 personnes

1 rôti de porc d'un kilo • 1 kilo de pommes de terre
20 cl de bouillon de bœuf • 150 g de lardons fumés
3 oignons • Une noix de beurre • Sel • Poivre

Faites blondir puis caraméliser dans le beurre, les oignons finement émincés. Ajoutez les lardons préalablement blanchis. Disposez dans un plat beurré le rôti assaisonné. Répartissez tout autour les lardons et les oignons. Ajoutez les pommes de terre épluchées et coupées en morceaux. Faites cuire 45 minutes dans un four (thermostat 7) en ayant soin d'arroser le tout de bouillon pendant la cuisson. Laissez dorer pendant 35 minutes.

Le quatrième jour

Aujourd'hui, c'est Lascaux, le plus beau site préhistorique d'Europe, qui est visité. Du moins Lascaux II, depuis que la véritable grotte a dû être préservée. Puis les Provençaux sont invités à découvrir l'autre site préhistorique notoire, celui des Eyzies, avec la visite des cavités et des grottes fameuses. Après le déjeuner, ce sont Le Bugue et le village artisanal du Bournat qui sont au programme.

Le cinquième jour

C'est déjà le retour vers la Provence. ■

Christian Pénicaud

Le saviez-vous ?

Les cardils du Périgord

Fondé par Madame Jardel en 1946 les "Cardils", chardonnerets en langue d'oc, sont la vitrine artistique de l'association des Périgordins de Paris. agréé par la Fédération Nationale du Folklore Français, le groupe est composé d'une trentaine de musiciens et danseurs. L'age moyen des musiciens est d'environ 35 ans.

Le groupe est actif dans la recherche de partitions originales. Il est reconnu pour son souci du détail authentique pour les costumes.

Les Cardils participent à des fêtes félibréennes et participent à la transmission de légendes ancestrales et à la perpétuation de la langue d'oc.

Lundi **22** *Avril*
St ALEXANDRE

matin

après-midi

Mardi **23** *Avril*
St GEORGES

matin

après-midi

Mercredi **24** *Avril*
St FIDÈLE

matin

après-midi

Jeudi **25** *Avril*
St MARC

matin

après-midi

Vendredi **26** *Avril*
Ste ALIDA

matin

après-midi

Samedi **27** *Avril*
Ste ZITA

matin

après-midi

Dimanche **28** *Avril*
Jour du Souv.

matin

après-midi

Avril 2013

Lundi 29 Avril
Ste CATHERINE de SI.

matin

après-midi

Mardi 30 Avril
St ROBERT

matin

après-midi

Conte d'Hier...

Le Petit Chaperon rouge (5-6)

Pendant ce temps le petit Chaperon rouge s'amuse à cueillir des noisettes et à courir après les papillons, à jouer le long du chemin et à faire des bouquets de petites fleurs.

Le loup arrive à la porte de la grand'mère, il heurte, toc, toc ! qui est-là ! c'est votre petite fille qui vous apporte une galette et un petit pot de beurre, dit le loup en contrefaisant sa voix.

(Suite page 58)

Les cabanes perchées de Dordogne

Combien d'enfants ont passé une bonne partie de leurs vacances à construire des petites cabanes, dans les bois ou juste à côté de la maison ? Recherche d'isolement ? Goût de l'aventure ? Invention de voyages mystérieux ?... Peu importe ! Les enfants aiment beaucoup créer leur propre espace, leur petite maison personnelle, rien qu'à eux! Mais les adultes ? Ne ressentent-ils pas, eux aussi, ce besoin d'évasion, avec ou sans leurs enfants?

A en croire les nombreuses rubriques consacrées aux cabanes, cela semble vraiment correspondre à un besoin de changement, un désir de vivre autre chose, de vivre d'une manière quelque peu plus sauvage que dans les appartements stéréotypés de certaines cités.

La Dordogne, notamment, a répondu depuis plusieurs années à ces désirs de rêve. Mais construire des cabanes ne suffisait probablement pas à créer le dépaysement indispensable. Il fallait proposer une idée plus forte, plus originale, bref, une idée neuve. Ainsi a surgi l'idée de créer ces cabanes... dans les arbres. Idée qu'ont reprises plusieurs entreprises.

Les cabanes de Vaure

Timothée Deneuville vous invite dans les cabanes perchées qu'il a installées à Valeuil, non loin de Brantôme. Situées à la lisière de la forêt, perchées à quatre mètres de hauteur, elles offrent une vue exceptionnelle, à perte de vue, sur les collines et la vallée de la Dronne. Entre le lever et coucher du soleil, qui valent à eux seuls de se percher dans les arbres, les chants des oiseaux et des cigales, le vol des rapaces, diurnes ou nocturnes, et les découvertes de fruits sauvages, de champignons et même d'orchidées - mais oui ! -, régalent ainsi les citadins fatigués par le bruit et l'énervement de leur ville.

suite page 45

Remède d'autrefois, déconseillé...

Orgelets (oryious – thordeolus)

Jadis on priait le maréchal-ferrant de vous enfoncer un clou de fer dans le lobe de l'oreille ; — on a remplacé ce supplice par l'"orillette" ou anneau d'or. — Cataplasme à l'eau de "makèye" ou fromage blanc, ou caillebote, avec un blanc d'œuf. — Signer avec un anneau de mariage échauffé par frottement sur un tissu de laine ; — ou avec le coin du pan de chemise, au moment de rentrer au lit.

...pour les malades d'aujourd'hui !

Et quel bonheur, le matin, de voir ses hôtes apporter un petit déjeuner bien chaud servi à l'intérieur de paniers hissés grâce à une corde et sa poulie!Les autres repas sont servis de la même manière.

Dans la journée, de nombreuses activités sont proposées aux visiteurs: canoë, randonnées pédestres, golf, pêche, équitation, sans oublier la découverte des mille et un châteaux de Dordogne.

Les cabanes de Villefranche-du-Périgord

Là encore, c'est à cinq mètres de hauteur que les vacanciers auront le loisir d'être réveillés par le chant des oiseaux et, ce qui est plus rare, même pour des gens qui habitent àla campagne, par la vue de hordes de biches et de cerfs, au pied même des cabanes !

Des chambres confortables sont installées aussi douillettement que dans un véritable hôtel, avec coin cuisine, cabine de douche, wc et terrasse !

Pour les repas,si l'on veut s'éviter la cuisine, il est possible de les prendre à l'auberge de la ferme, "Le Gaulois".

Et la journée peut être consacrée à la visite des très nombreux sites remarquables du Périgord noir.

Le Moulin de la Jarousse

Ils sont tenus par la famille d'Olivier Loux, à Angoisse, près de Lanouaille. Trois chalets construits dans les arbres, au milieu d'un domaine de 15 hectares, à huit mètres de haut, peuvent accueillir entre deux et cinq personnes dans une ambiance choisie par les visiteurs : cosy, design, zen, glamour, nid douillet, aventurier ! Beaucoup de distractions sont possibles etre la piscine couverte et chauffée, un étang de pêche, des sentiers de randonnée et des aires de jeux pour les enfants. Et bien sûr dans l'environnement sauvage des animaux en liberté.

Les repas peuvent être préparés au chalet ou servis par la famille Loux, au moyen de paniers.

suite page 46

Métier d'autrefois

En quelques décennies et selon les régions avec plus ou moins de retard, la charrue en fer remplace la vieille araire en bois, la moissonneuse-lieuse et la faucheuse supplantent les faucilles et les faux, les remorques détrônent les animaux de bât.

Les cabanes perchées de Dordogne (suite)

La cabane perchée de la Ferme de Sirguet

Cabane ? Peut-être. mais, à la voir, on a plutôt envie de parler de maison de campagne ou de chalet de montagne. Il n'y en a qu'une sur le site, mais elle est véritablement imposante.

Elle aussi se perche à quatre mètres de haut et peut accueillir six personnes. Idéal pour une famille entière, elle dispose bien sûr des coins indispensables, cuisine, toilette, mais aussi, en surplomb, un pigeonnier transformé en chambre, réservée en principe aux parents. A l'intérieur... une piscine !

Et à l'extérieur, des roulottes peuvent être mises à la disposition des visiteurs.

Cette cabane est située sur la commune de Monsac et dirigée par Amélie et Yannick Gonzalez.

La cabane perchée de Château Gauthié

Son promoteur belge, Stéphane Desmette, l'appelle son "château d'haut". Ce restaurateur professionnel a voulu que sa cabane soit construite de la manière la plus écologique possible : pas de bois exotique et utilisation de la laine de chanvre pour l'isolation. Avec l'aide d'un compagnon charpentier, il a niché sa cabane à huit mètres de haut, dans la fourche d'un chêne centenaire : les deux branches de cette fourche traversent la maison de part en part. Très vaste pour une cabane, elle donne vue sur un étang. Stéphane Desmette met de cette manière sa compétence gastronomique au service de ses visiteurs. La cabane se situe à Monmarves, à 18 km de Bergerac. ■

Christian Pénicaud

Le saviez-vous ?

Les cavernes du Périgord

Les idées qui se sont perpétuées jusqu'à nous au sujet de quelques-unes de ces grottes (de la Dordogne) devenues des asiles pendant les persécutions, me paraissent avoir été d'abord propagées par les persécuteurs eux-mêmes. L'une, si l'on en croit la sotte tradition du pays, était le repaire d'un monstre qui se repaissait de la chair des passants ; l'autre est le soupirail de l'enfer. Dans celle-ci on faisait des sacrifices horribles ; dans celle-là, on entend encore gémir des âmes en peine. Enfin il n'est pas de conte effrayant ou absurde qu'on ne débite sur ces cavernes : les paysans crédules ne sont pas, même aujourd'hui, désabusés de ces ridicules chimères. Quelquefois on reconnaît les grottes druidiques à de plus doux mensonges : tantôt c'est le trou de l'ermite ; tantôt le creux du cygne ; ailleurs l'antre du vieillard. Là, vous dit-on, brillent des feux pendant la nuit ; ici l'on entend des voix, des instruments ; plus loin le vent qui murmure annonce l'avenir. Souvent une chapelle, une croix, un arbre révéré, et toujours replanté quand il vient à périr, ont remplacé, près de la caverne druidique, tous les tableaux de l'ancienne religion.

Carnet de notes de Papounet le jardinier

Du jardin d'hier...

Dans la marmite

Soupe glacée aux radis et au fromage blanc

3 bottes de radis
2 gros oignons • 2 échalotes
300 g de fromage blanc battu • 1/2 cuillère de moutarde
10 g de beurre • Sel, poivre du moulin

Peler et émincer l'oignon et l'échalote. Eplucher les radis et les laver à l'eau courante. Faire fondre l'oignon, l'échalote et 3/4 des radis dans le beurre pendant 5 minutes. Recouvrir avec 3/4 de litre d'eau, assaisonner et laisser mijoter pendant 30 minutes. Ensuite mixer la soupe et la laisser refroidir. Incorporer le fromage blanc, le reste des radis finement émincés et la moutarde. Mélanger doucement et servir glacé, décoré avec quelques feuilles de menthe.

Les Radis

Les radis adorent les sols frais et légers. Le radis rose se cultive dans un climat tempéré, le noir est beaucoup moins éxigeant. Après les dernières gelées, semer sous abri les premiers radis roses de printemps jusqu'au mois de juin. Ensuite semer les radis d'été. Le radis noir sera semé en septembre. Compter environ 3 à 4 semaines avant de récolter les roses et un mois de plus pour les radis noirs. Semer au fond d'un sillon d'1 cm de profondeur, recouvrir légèrement de terreau et arroser. Éviter de semer épais, sinon éclaicir pour favoriser un bon développement des racines. En cas de forte chaleur et insufisance d'eau, le goût poivré des radis a tendance à se renforcer, et il devient creux et fibreux.

Le radis est recommandé pour son action sur le foie et la vésicule biliaire. Il est riche en vitamines B et C et en fibres.

Le Melon

Le melon aime une terre riche en matière organique et en potassium. En région plus fraîche, il faut planter le pied de melon en situation très ensoleillée et abritée. La distance de plantation est d'environ un mètre entre chaque pied. Il est très gourmand en eau, le fait de pailler apportera tout au long de l'été une bonne fraîcheur. Le melon est très souvent atteint par l'oïdium ; c'est pourquoi mieux vaut faire attention de ne pas mouiller le feuillage. Une pulvérisation par semaine de soufre et de bouillie bordelaise permet de prévenir toutes les maladies.

Un bon outil :

Le plantoir

Le plantoir est certainement l'outil le plus basique de la panoplie du jardinier. Un simple bâton pointu suffit à trouer le sol pour y placer des graines ou divers plants. Depuis des millénaires on fait un plantoir à partir d'une branche coudée ou d'un manche cassé.

Extrait du *Potager à l'assiette* de Jean-Marc Gourbillon, aux éditions CPE

Photographies d'hier

Mai

« Le nationalisme est une maladie infantile. C'est la rougeole de l'humanité. »

Albert Einstein

Taureau

Du 21 avril au 21 mai

Gemeaux

Du 22 mai au 21 juin

Balade dans les rues de Gardonne

Proverbe

Fille qui siffle,
Coq qui pond,
Portent malheur à une maison.

2013

Joli mois de mai

Selon certains, on le nomma *maïus*, en l'honneur des sénateurs qu'on appelait *majores*. D'autres, au contraire, prétendent que mai vient du nom de la déesse Maïa, fille d'Atlas, et mère de Mercure. Ce mois était placé sous la protection d'Apollon, et personnifié sous la figure d'un homme entre deux âges, vêtu d'une robe ample à grandes manches, et qui portait une corbeille de fleurs sur la tête.

Dans la nuit précédant le 1er mai, les jeunes gens des campagnes accrochaient des « mais », bouquets de branchages ornés de guirlandes, au-dessus de la porte des maisons où vivaient de belles et jeunes filles. Et l'on avait grand soin d'accrocher autant de « mais » qu'il y avait là de filles à marier. Bien évidemment, le garçon amoureux s'appliquait à réaliser un « mais » plus beau que celui des autres à l'intention de celle qui tourmentait ses nuits et qu'il avait l'intention de séduire.

En mai, si à l'horizon se dessinent les douces températures du printemps, quelques résidus de la rude saison sont susceptibles par surprise de nous jouer de vilains tours. Qui na jamais dit «Mi-mai, queue dhiver » ? Ces résidus, on les appelle les saints de glace et le tiercé gagnant se situe les 11, 12 et 13 mai avec Mamert, Pancrace et Gervais.

La cerise

Le cerise est le fruit de ma jeune impatience. C'est celui dont le trajet de la fleur à la bouche est le plus court. Jadis il me servait de mesure aux progrès du printemps, à l'arrivée des beaux jours. Et la première, que je crevais en hâte entre mes dents à moitié verte, avait le goût fade mais enivrant du premier baiser. Et puis venait la plénitude, la grêle rouge qui restait suspendue sur ma tête lorsque j'étais sous le bonheur de l'arbre. Plus tard, dans la foulée, quand déjà était arrivée à maturité la pêche, j'admirais la cerise qui avait commencé à distiller le sucre de l'été en petits bonbons anglais devenus rares sur les branches et dont il ne fallait pas abuser, question glycémie. Puis l'été, ingrat, oubliait l'arbre et ses feuilles, qui n'abritaient plus que la nostalgie de ma mère en ses vieux jours.

P.V

Mai 2013

Notes

Mercredi 1er Mai
Fête du travail

matin

après-midi

Jeudi 2 Mai
St BORIS

matin

après-midi

Vendredi 3 Mai
St PHIL., JACQ.

matin

après-midi

Samedi 4 Mai
St SYLVAIN

matin

après-midi

Dimanche 5 Mai
Ste JUDITH

matin

après-midi

La Tradition du Mai à Siorac

En Périgord, comme dans toutes les régions de France, les traditions sont nombreuses. Entre la Frairie, ou fête du Saint Patron du village, « Lou Moussur », où l'on honore le cochon, la fête des moissons, ou « Gerbebaude » et la Fête du Mai représente le maintien du culte rendu à l'arbre sacré.

Même si cette tradition a plusieurs fois failli disparaître, elle a traversé les siècles. Peut être n'est-elle plus en vogue autant que par le passé, mais elle subsiste dans un grand nombre de villages.

Charlemagne fut le premier à exiger que cesse ce culte des arbres, mais l'Eglise ne fut pas en reste, tentant d'interdire ces fêtes païennes qui faisaient de l'ombre à la propagation de la Foi chrétienne.

La fête du 1er mai est aujourd'hui la fête du travail. Il n'est pas surprenant que, pendant des siècles, la vie paysanne étant primordiale, elle ait été celle de la célébration du printemps. C'est ce jour-là que l'on plantait avec faste l'arbre du Mai, symbole de la jeunesse et de la fécondité, lié au culte de la nature : chez les Grecs et les Romains, la déesse de la nature s'appelait d'ailleurs « Maïa ». Des jeunes gens étaient chargés de couper et de transporter cet arbre que l'on enrubannait et que l'on plantait sur la place du village.

Mais d'autres occasions s'offraient pour planter un arbre : chaque évènement important d'un village ou d'une communauté était célébré par l'installation d'un arbre ici ou là. En l'honneur de jeunes mariés, lors de prise de fonction d'un élu local ou pour orner le faîte d'une maison dont on venait d'achever la charpente, tradition encre très présente aujourd'hui en Périgord et ailleurs.

Avant d'être dressé, l'arbre était copieusement décoré de rubans, symboles de purification, de drapeaux, plus ou moins importants, et de pancartes en rapport avec la célébration : « Honneur à notre maire ! », « A nos jeunes mariés ! », « A notre Saint Patron ! », etc.

La journée se poursuivait par des festivités plus ou moins somptueuses, selon les ressources dont on disposait, et les libations se poursuivaient tard dans la nuit.

suite page 51

Les petits trucs Beauté

Un masque hydratant en quelques minutes :

Placez des rondelles de concombre sur le visage, et laissez agir quelques minutes. L'eau contenue dans le concombre hydrate la peau de façon efficace et économique. L'avocat est également un fruit très hydratant : mixez l'avocat puis appliquez la crème obtenue sur le visage. Laissez agir quelques minutes.

La recette de Grand-Mère

Les girolles sautées à la crème

Girolles • Sel • Poivre
1 gousse d'ail • Du persil frais
2 à 3 cuillères d'huile • 40 g de beurre
1 petit pot de crème fraîche

Nettoyez les champignons en ôtant les parties terreuses et s'ils contiennent du sable passez-les dans une eau légèrement vinaigrée en les égouttant bien. Versez 2 cuillères d'huile dans la poêle mise sur feu vif, ajoutez les champignons et laissez-les rendre leur eau. Dès l'opération terminée, versez-les dans une passoire pour éliminer l'excès d'huile.

Prenez une poêle épaisse ou, mieux, un poêlon, mettez-y le beurre et un peu d'huile, faites chauffer à feu doux, versez les champignons, ajoutez l'ail finement haché, couvrez, et laissez cuire 20 à 25 minutes à feu moyen.

Dans les 5 dernières minutes de cuisson, ajoutez le persil frais haché puis deux ou trois cuillères à soupe de crème fraîche.

Servez soit au naturel, soit en accompagnement d'un poulet rôti, ou d'une côte de bœuf.

Toutes ces pratiques plus ou moins magiques dénotaient l'esprit paysan de l'époque, avec ses mystères, son obscurantisme et ses craintes. Le rôle de l'Eglise, qui interdisait mais laissait faire, n'était pas très clair. Pas plus que ne l'étaient les interventions, peut être opportunistes de Pénitents blanc ou bleus, à Sarlat ! ■

http://www.ville-siorac-en-perigord.fr/

Le saviez-vous ?

François Fénelon (1651 - 1715)

Il est né au château de Sainte-Mondane, il est ordonné prêtre par son oncle, évêque de Sarlat qui lui cède le doyenné de Carennac. Connu pour ses écrits de morale chrétienne, il devient le précepteur du dauphin, le duc de Bourgogne, et écrit Télémaque en 1699. Bossuet et la Cour le prennent à partie. Archevêque de Cambrai, il est interdit à Paris. Télémaque était trop en faveur du partage des pouvoirs.

Mai 2013

Lundi 6 Mai — Ste PRUDENCE

matin

après-midi

Mardi 7 Mai — Ste GISÈLE

matin

après-midi

Mercredi 8 Mai — ARMISTICE 1945

matin

après-midi

Jeudi 9 Mai — ASCENSION

matin

après-midi

Vendredi 10 Mai — Ste SOLANGE

matin

après-midi

Samedi 11 Mai — Ste ESTELLE

matin

après-midi

Dimanche 12 Mai — Ste JEANNE-D'ARC

matin

après-midi

Mai 2013

Lundi 13 Mai Ste ROLANDE

matin

après-midi

Mardi 14 Mai St MATTHIAS

matin

après-midi

Mercredi 15 Mai Ste DENISE

matin

après-midi

Jeudi 16 Mai St HONORÉ

matin

après-midi

Vendredi 17 Mai St PASCAL

matin

après-midi

Samedi 18 Mai St ÉRIC

matin

après-midi

Dimanche 19 Mai PENTECÔTE

matin

après-midi

Des collégiens contre la faim à Beaumont

Cela s'est passé le vendredi 13 mai 2011. L'Organisation Non Gouvernementale " Action contre la faim" avait organisé une action de portée nationale. Les collégiens de Beaumont-du-Périgord, ainsi que leurs professeurs, ont tenu à participer, comme beaucoup d'autres collèges, à cette action humanitaire. Pour eux, le but visé était de venir en aide au Zimbabwé.

Olivier Gensou, professeur d'éducation civique, Solange Rayet et Eric Pédro, professeurs d'éducation physique, prennent alors en charge l'organisation de cette journée.
Un membre de l'ONG vient au collège pour présenter les buts de l'organisation "Action contre la faim", une ONG agréée par l'Education Nationale devant les collégiens réunis. Les enfants, sans hésiter, et après qu'on leur ait expliqué la manière dont ils pouvaient participer, acceptent sans aucune hésitation de tenir leur rôle pour cette action.

Autour de Beaumont, un circuit pédestre a été balisé, utilisant aussi bien le terrain de sport que la piste tracée dans le petit bois voisin: il représente un parcours de 550 mètres. Chaque classe dispose du circuit pour une heure. Le rôle des enfants est d'effectuer des tours de circuit contrôlés par un pointeur, élève également. Chaque tour de circuit représente 1 € que le coureur devra reverser dans la caisse commune créée à l'occasion : cet argent peut provenir de sa propre tirelire, comme il peut venir d'un père, d'une mère ou de tout autre sponsor.

suite page 53

Les petits trucs Beauté

Pour lutter contre les poches sous les yeux :

La pomme de terre est un allié redoutable contre les poches sous les yeux. Coupez une pomme de terre crue et appliquez-la en cataplasme sur les poches pendant 15 minutes.

La recette de Grand-Mère

Le chausson aux truffes

200 g de feuilletage
20 g de foie gras
30 g de truffe

Faites un disque avec de la pâte feuilletée à l'aide d'une assiette de 16 cm de diamètre.
Poêlez le foie gras et mettez-le sur le feuilletage.
Ajoutez la truffe.
Refermez le chausson et soudez-le à l'aide d'un pinceau enduit d'eau.
Faites cuire au four 15 à 20 minutes, thermostat 6 (180/200 degrés).
Après la cuisson, ouvrez légèrement le chausson et nappez avec la sauce Périgueux, dressez une assiette chaude et servez tout de suite.

C'est avec beaucoup d'enthousiasme et de générosité que les élèves donnent leur participation. Certains élèves vont ainsi effectuer jusqu'à quatorze tours, ce qui représente tout de même 7,7 km ! L'un d'entre eux, équipé à ce moment-là, de béquilles, a tenu à effectuer l'intégralité du circuit. D'autres, privés de course à pied pour raisons médicales, s'élancent sur le parcours… en marchant !

Résultat: les organisateurs ont pu récolter, entre les élèves de 6ème, de 5ème, de 4ème et de 3ème, la somme importante de 1 000 €, qui seront envoyés à une organisation du Zimbabwé afin que celle-ci installe des pompes à eau. ■

Christian Pénicaud

Le saviez-vous ?

La dame blanche et la pierre

Près des étangs de Saint-Saud (Dordogne), existait naguère un dolmen dont les blocs ont été dispersés. Cependant sa table est encore vénérée ; les habitants de Saint-Saud la nomment la Pierre.

La nuit, la grande dame blanche, enveloppée d'un manteau de brouillards, glisse rapidement sur les eaux de l'étang et se promène ensuite sur la pierre en prononçant des paroles mystérieuses.

Mai 2013

Lundi **20** Mai
LUNDI de PENTECÔTE

matin

après-midi

Mardi **21** Mai
St CONSTANTIN

matin

après-midi

Mercredi **22** Mai
St ÉMILE

matin

après-midi

Jeudi **23** Mai
St DIDIER

matin

après-midi

Vendredi **24** Mai
St DONATIEN

matin

après-midi

Samedi **25** Mai
Ste SOPHIE

matin

après-midi

Dimanche **26** Mai
Fête des Mères

matin

après-midi

Lundi 27 Mai
St AUGUSTIN

matin

après-midi

Mardi 28 Mai
St GERMAIN

matin

après-midi

Mercredi 29 Mai
St AYMAR

matin

après-midi

Jeudi 30 Mai
St FERDINAND

matin

après-midi

Vendredi 31 Mai
VISITATION

matin

après-midi

Notes

La tourte aux pigeons

Usage de la Pentecôte en Périgord

Au temps de ma jeunesse régnait en Périgord le charmant usage de célébrer la Pentecôte en savourant, dans les familles, une tourte aux pigeons. C'était un plat traditionnel, à la fois symbolique et délicieux. Quand la tourte fumante apparaissait, sur la nappe, blanche comme une coupole d'or, les enfants agitaient leur serviette de gala et les grand'mères se signaient gravement avec une dévotion gourmande.

Les libres-penseurs, eux-mêmes, y allaient gaiement de leur fourchette. C'était comme une conversion de haut goût qu'arrosait un vieux médoc. Le Saint-Esprit, qui descendit sur les apôtres en langues de feu, se présenta, comme on sait, sous la forme aérienne d'un pigeon aux blanches ailes. C'est son déguisement poétique et léger, pendant évangélique de l agneau pascal. Toute fête carillonnée avait, alors, son plat légendaire, sa friandise attendue. Double hommage rendu à la table et à la foi. Symbole divin et manger excellent, le pigeon fait naître en même temps des souvenirs religieux et de douces pensées gastronomiques. On le voit, tantôt les ailes déployées, planant dans le ciel azuré d'une chapelle, tantôt fumant dans un légumier de porcelaine fine, entouré de petit pois. D'où vient le pigeon L'Egypte et la Grèce l'ont tiré de la Perse. Mais dès les temps les plus reculés il vit en domesticité en Europe, en Asie, dans le nord l'Afrique. Les anciens connaissaient déjà son prodigieux talent de facteur et mettaient à profit ses curieuse aptitudes postales. Au cirque, les patriciens de Rome avaient coutume de lâcher des pigeons voyageurs, pour annoncer à leur famille le résultat des jeux ou commander le dîner. Il arrivait parfois que, par une fantaisie cruelle du maître, cesmessagers naïfs se trouvaient porteurs de leur propre arrêt de mort et figuraient eux-mêmes sur la carte du festin. N'était-ce là un pas comble d'ingratitude ! ■

FULBERT-DUMONTEIL.

Remède d'autrefois, déconseillé...

Rage dentaire

Porter un paquet renfermant une gousse d'ail hachée ; — porter en collier un boyau de chat mort. — Boire un jaune d'œuf dans de la bière pour "rasseoir le sang".

...pour les malades d'aujourd'hui !

Carnet de notes
de Papounet
le jardinier

Du jardin d'hier...

Dans la marmite

Velouté de laitue au cerfeuil

3 laitues • 2 oignons • 80 g de beurre
450 g de pommes de terre • 15 cl de crème fraîche
2 jaunes d'œufs • 1 l de bouillon de volaille
Gros sel, poivre du moulin

Nettoyer les laitues et les ciseler. Faire revenir au beurre les oignons hachés très finement sans coloration. Ajouter les laitues ciselées et laisser cuire quelques minutes puis mettre les pommes de terre coupées en dés. Mouiller avec le bouillon de volaille et laisser cuire 20 minutes. En fin de cuisson mixer le velouté puis lier aux jaunes d'œuf préalablement mélangés à la crème. Rectifier l'assaisonnement, servir aussitôt avec quelques pluches de cerfeuil en surface.

La Laitue

La laitue apprécie une situation ensoleillée, une bonne humidité avec une terre bien fertile. D'une manière générale, les laitues sont semées en pépinière ou sur place. Dans le premier cas de figure, faire un repiquage à 25 cm en tous sens quand les pieds auront 4 feuilles. Il est important de ne pas repiquer trop profond et surtout de ne pas enterrer le collet. Une autre méthode consiste à repiquer en motte quand les plants ont 2 feuilles, puis à les mettre en place normalement à 4 feuilles. Ceci permet une meilleure reprise. Pour la culture sur place, faire des sillons de 1 cm de profondeur, en semant léger, puis éclaircir avec les mêmes distances. La levée doit être rapide, entre 3 à 6 jours maximum. Planter les laitues entre les plants de tomates ; ainsi, elles auront plus d'ombre et monteront moins rapidement en graines, à condition de ne pas traiter les tomates.

La Fraise

Les fraisiers demandent une terre humifère, riche en humus et bien drainée. Ces plantes, très gourmandes, épuisent rapidement le sol. Elles doivent être changées d'emplacement tous les 3 ans. Les distances de plantation sont de l'ordre de 60 cm entre les rangs et 35 cm entre les plants. Après 2 ou 3 semaines, effectuer un paillage complet avec de la paille de blé, pour garder un terrain propre et surtout une bonne humidité. L'oïdium et la pourriture grise sont les principales maladies. Limiter les engrais azotés qui favorisent la pourriture. Sur terrain humide, on plantera de préférence des variété remontantes. Traiter à la bouillie bordelaise uniquement sur le feuillage, et avant la formation du fruit.

Un bon outil :

L'arrosoir

L'arrosoir est principalement utilisé en jardinage, servant à l'arrosage manuel des plantes ou des semis, mais sa capacité à transporter du liquide et à le déverser de manière précise en font un objet utilisable dans d'autres contextes.

Extrait du *Potager à l'assiette* de Jean-Marc Gourbillon, aux éditions CPE

Photographies d'hier

LUSIGNAC (Dordogne) – Route de Saint-Sévérin

Juin

« La popularité, c'est d'éternuer
à l'écran et de recevoir le lendemain des centaines
de cartes postales avec écrit : à vos souhaits. »

Léon Zitrone

Gemeaux

Du 22 mai au 21 juin

Cancer

Du 22 juin au 23 juillet

Balade dans les rues de Lalinde

Dicton :

À moitié bien, tenons-nous y :
Peut-être ailleurs serions-nous pis.

2013

Solstice

Pour expliquer l'étymologie du nom, on suppose que ce mois a été consacré soit à Junon, soit à Hébé, déesse de la jeunesse, soit à Junius Brutus, fondateur de la liberté romaine.

Ausone, poète latin, personnifie de cette manière le mois de juin.

Les deux fêtes principales que célèbre la religion catholique en ce mois sont la Trinité et la Fête-Dieu.

La Saint-Jean c'est le solstice d'été, et il faut que tout le monde le sache. Donc on allume de grands feux de joie sur les places et de grands feux d'artifice dans le ciel quand la ville a un standing suffisant. On festoie puis on va, si on est courageux, cueillir l'herbe de la bonne aventure à potron-minet, et en tous cas avant le lever du soleil. Mais bien fin qui pourrait distinguer la Saint-Jean de la Saint-Jacob ou de la Saint-Éloi, des jours d'avant ou des jours d'après. Il n'y a entre ces nuits pas l'épaisseur d'un cheveu noir. Moi, dont les instruments de mesure sont plutôt grossiers, je vis un long solstice, qui coupe de larges tranches dans juin et dans juillet. L'apogée de la vie est alors si visible qu'on est bien obligé d'y croire ; de croire à la fin du cholestérol et de la bêtise humaine, à la fin de l'exploitation de l'homme par l'homme et du pillage impuni par certains de la vaste planète de tous... surtout que croire ne coûte rien.

L'abricot

L'abricot a hâte de mûrir, comme certaines fillettes ont hâte d'être femmes. Tant pis s'il doit rester plutôt petit. Il est comme le printemps pressé d'arriver à l'été, et il lui reste de ce fait une pointe de vert en bouche. Encore à l'école de l'arbre, qui en mène des ribambelles dans ses branches, on le lâche dans les rues et les marchés pour les grandes vacances.

C'était le favori de mon père, qui le mariait au vin doux et au sucre pour un succulent dessert. Moi je le prends nature, mais en petite quantité, parce que mon estomac proteste vite de son acidité et de sa vigueur. Jeune, c'est un fruit de jeunes, mais il sait s'imposer à tous toute l'année sous forme de confitures, parce que là personne, je dis bien personne, ne peut lui faire la pige.

P.V

Conte d'Hier…

Le Petit Chaperon rouge (7-8)

Croyant que c'était sa petite fille, la grand' mère de son lit lui cria : *tire la chevillette, la bobinette cherra.*

Le loup tira la chevillette et la porte s'ouvrit, il se jeta sur la grand'mère et la dévora en moins de rien, car il n'avait pas mangé depuis trois jours

(Suite page 72)

Juin 2013

Samedi 1er Juin St JUSTIN

matin

après-midi

Dimanche 2 Juin Ste BLANDINE

matin

après-midi

Les Coquelicots du château féodal de Salignac

Bertrand de Salignac, telle une bête fauve enfermée dans une cage, martelait de son pas pesant les dalles sonores de son puissant château féodal.

Un misérable serf et une humble serve avaient osé le braver et se soustraire à la loi qui, d'une vassale faisait sa chose au soir de ses épousailles. Ses hommes d'armes avaient fouillé les chaumières accrochées aux flancs de la colline et celles terrées aux lisières de son immense fief. Les seigneurs, ses voisins : Messires du Claud, d'Eyrignac, de Toulgou, des Paluels, avaient été alertés car une pareille audace ne pouvait rester impunie : nulle représailles ne serait assez dure pour effrayer ceux qui en tenteraient d'autres. Mais de toutes parts, les recherches étaient vaines ; Nicole et Sylvain, les deux fugitifs, restaient introuvables.

Des leur plus tendre enfance, ils s'étaient « promis » l'un à l'autre. Côte à côte ils avaient fait le dur apprentissage de la vie du serf attaché à la glèbe, sous le joug brutal et inhumain du rude baron de Salignac. Ce tendre amour était le seul rayon de joie qui éclairât leur incertain avenir.

Cependant, Nicole voyait arriver avec terreur le moment où elle devrait mettre sa main dans celle de Sylvain ; elle savait quel sort l'attendait avant d'appartenir à celui qui possédait son coeur. Elle haïssait autant qu'elle redoutait ce seigneur cruel et paillard sur lequel, le soir, sous la chandelle de résine, se murmuraient des récits terrifiants ; dans l'ombre de son alcôve seigneuriale, ses honteuses débauches se terminées souvent par de lugubres tragédies : la jeune épousée n'était pas rendue a celui qui se désespérait dans l'attente…

Tout son être se refusait à cette ignominie et avec effroi, elle en reculait l'échéance. Mais Sylvain se faisait plus pressant et s'inquiétait de sa tristesse.

suite page 59

Les petits trucs Beauté

Un masque contre les petites imperfections :

Écrasez 100 g de fraises, ajoutez 10 cl de lait frais et 5 gouttes d'huile essentielle de lavande (adoucissante et antiseptique). Étalez la préparation sur votre visage et laissez agir au moins 15 minutes.

Un soir qu'ils rentraient des champs, le corps bien las, elle le fit asseoir auprès d'elle sur la souche d'un vieil arbre coupé et abandonné. Elle lui parla longuement ; Sylvain sombre ne bougeait pas. La nuit tomba et Sylvain restait pensif. Nicole se pencha vers lui : « Sylvain, dis-moi qu'il faut que ce soit ». Sursautant, comme réveillé d'un pénible songe, il dit tristement : « Oui, Nicole, cela sera, car il le faut ».

Dès le lendemain, ils se présentèrent au château et annoncèrent au baron leur intention de s'unir au jour qu'il lui conviendrait de les faire bénir, ainsi que cela se devrait, dans la chapelle seigneuriale.

Les yeux lubriques de Messire de Salignac fixèrent Nicole qui pâlit. La date qu'il leur assigna était si proche qu'ils en frémirent tous les deux.

Ce jour vint. Prosternés devant la chapelain, ils renouvelèrent le serment de fidélité au suzerain, et Sylvain glissa au doigt de Nicole l'anneau de fer qui la liait à lui pour la vie et pour la mort. A l'heure où le couvre –feu sonnerait, elle devrait se trouver devant le pont-levis qui s'abaisserait pour elle.

Elle ne s'y trouva pas ! par des chemins couverts ils avaient gagné les bords ombreux de la Salvie, puis du Néa, qui les cachaient aux regards aigus des guetteurs sur les beffrois. Les bruissants ruisseaux les avaient conduits sur les rives de la Dordogne, face aux gouffres sous Turnac. Là, ils s'étaient longuement étreints, puis, la main dans la main, ils avaient confié leurs corps à la rivière et leurs âmes à Dieu.

... Pourquoi donc tout ce branle-bas dans les murs de la forteresse de Salignac. Les trompes y sonnaient, les chevaux y piaffaient, les armes s'y entrechoquaient. Le pont-levis baissé, la grande poterne s'ouvrit et le seigneur parut. Couvert de son armure de fer, monté sur son blanc palefroi, escorté de ses hommes d'armes, il descendit la colline. Un hérault le précédait : il annonça que Monseigneur de Salignac, leur noble et illustre suzerain, conviait tous ses serfs à se trouver, le dimanche qui suivait ce jour, dans la cour du donjon, pour assister à un spectacle dont il leur réservait la surprise : les jeunes gens et les jeunes filles arriveraient les premiers. Le cortège passa et alla semer plus loin l'inquiétude puis l'effroi.

suite page 60

Le saviez-vous ?

La noix du Périgord

Le Périgord Noir assure plus de la moitié de la production de la Dordogne, 2ème département français producteur. La Noix est un fruit délicieux, très nutritif, aux vertus diététiques multiples (acides gras essentiels, potassium, zinc, cuivre…) elle est consommée soit en fruit sec (en cerneau) soit en huile. La Noix du Périgord a obtenu l'AOC cette année, la récolte 2002 fut la toute première à pouvoir certifier son origine.

Juin 2013

Lundi 3 Juin
St KÉVIN

matin

après-midi

Mardi 4 Juin
Ste CLOTILDE

matin

après-midi

Mercredi 5 Juin
St IGOR

matin

après-midi

Jeudi 6 Juin
St NORBERT

matin

après-midi

Vendredi 7 Juin
St GILBERT

matin

après-midi

Samedi 8 Juin
St MÉDARD

matin

après-midi

Dimanche 9 Juin
Ste DIANE

matin

après-midi

Juin 2013

Lundi **10** Juin
St LANDRY

matin

après-midi

Mardi **11** Juin
St BARNABÉ

matin

après-midi

Mercredi **12** Juin
St GUY

matin

après-midi

Jeudi **13** Juin
St ANTOINE de P.

matin

après-midi

Vendredi **14** Juin
St ÉLYSÉE

matin

après-midi

Samedi **15** Juin
Ste GERMAINE

matin

après-midi

Dimanche **16** Juin
Fête des Pères

matin

après-midi

Les Coquelicots du château féodal de Salignac (suite)

N au dimanche dit, les sentiers qui grimpent vers le château étaient noirs de gens, car les vassaux de la seigneurie de Salignac étaient nombreux. Un silence lourd pesait sur cette foule. Tous pressentaient que quelque sinistre évènement allait se dérouler sous leurs yeux.

Les portes refermées, ils furent dirigés et entassés au fond de la cour, qui du donjon, descendait vers la fontaine du Barry. Des hallebardiers, placés à leurs côtés, étaient là pour les contenir et les refouler si une étincelle de colère les poussait en avant.

Au sommet de la terrasse qui les dominait, toute recouverte de beaux tapis rapportés d'Orient par son aïeul, Bertrand de Salignac prit place au milieu des barons, ses amis d'un jour.

Face à eux, six poteaux de fer étaient enfoncés dans le sol ; à chacun d'eux étaient liés, par couple, un jeune homme et une jeune fille, des « promis » qui devaient s'épouser aussitôt les semailles terminées. Ils allaient servir de cible à douze archers placés à vingt pieds en arrière ; l'arc bandé, ils n'attenaient qu'un ordre pour lancer la flèche meurtrière.

Sans hésiter, Bertrand de Salignac se leva et fit le geste qui commande.

Les flèches sifflèrent, volèrent et toutes atteignirent leur but… Les seigneurs applaudirent à tant d'adresse, tandis que les têtes des douze morts s'inclinaient en avant comme pour les saluer…La foule tressaillit er s'agita ; un hurlement terrible fait de mille cris haineux s'éleva et fit frissonner les durs barons. Leur force décuplée par la colère et la douleur, les serfs bondirent à travers les hallebardes dressées qui les blessaient et les décimaient ; ils parvinrent à la terrasse d'où le triste sire de Salignac n'avait pu encore s'enfuir. Ile le terrassèrent, ils le traînèrent devant les poteaux qui soutenaient les enfants martyrs, là ils l'étranglèrent et piétinèrent son corps.

suite page 61

Les petits trucs Beauté

Adieu cheveux fourchus et pointes abîmées :

Ingrédients : 2 cuillerées à soupe de miel liquide, 5 cuillerées à soupe d'huile d'olive de bonne qualité 2 gouttes d'huile essentielle de romarin

Mélangez tous les composants et appliquez sur les cheveux en insistant sur les pointes. Laissez poser 45 min sous une serviette. Rincez puis lavez vous les cheveux.

La recette de Grand-Mère

Les galettes de pommes de terre aux truffes

4 grosses binjtes • 2 truffes 10 g • 200 g de beurre
1 branche de cœur de céleri • Sel • Poivre

Mettez le beurre à chauffer au bain-marie. Epluchez les pommes de terre, râpez-les, ne les lavez pas. Emincez les truffes en fines lamelles, effeuillez la branche de céleri. Mélangez aux pommes de terre râpées quelques lamelles de truffe et quelques feuilles de céleri. Salez, poivrez. Faites chauffer une poêle à blinis avec du beurre. Garnissez la poêle en tassant avec une fourchette. Quand la première face est colorée, retournez et faites cuire les suivantes. Maintenez au chaud.

… Les morts furent ensevelis, pêle-mêle, dans le sol de cette cour maudite, qui fut nommée le « champ du sang ».

Depuis ces temps reculés, il se recouvrait, quand venait l'été, d'une abondante floraison de corolles pourpres. C'étaient « les coquelicots » du château de Salignac qui, chaque année pendant bien de siècles, sur ce « Champ du Sang », perpétuaient le souvenir de l'horrible forfait commis par Messire de Salignac, troisième du nom, étranglé par ses serfs en l'an MCCIV.

Des nobles et glorieux descendants illustrèrent la lignée de cet aïeul sans coeur ni loi.

Leurs hautes vertus apaisèrent la colère divine. Les coquelicots cessèrent de fleurir sur le « Champ du Sang ». ■

M.L. DU PEYROU

Le saviez-vous ?

Le Monbazillac

Issue de l'assemblage de trois cépages, Sémillon, Sauvignon, Muscadelle, l'AOC Monbazillac est récoltée par vendanges manuelles et tries successives, pour ne choisir que les grains de raisins atteints de cette fameuse et miraculeuse « pourriture noble ». D'une fabuleuse couleur or qui fonce avec le temps, le Monbazillac, particulièrement élégant, est dominé par des arômes de miel, d'acacia et de pêche, agrémenté par des nuances d'agrumes et de mirabelles confits.

Juin 2013

Lundi **17** Juin — St HERVÉ

matin

après-midi

Mardi **18** Juin — St LÉONCE

matin

après-midi

Mercredi **19** Juin — St ROMUALD

matin

après-midi

Jeudi **20** Juin — St SILVÈRE

matin

après-midi

Vendredi **21** Juin — ÉTÉ

matin

après-midi

Samedi **22** Juin — St ALBAN

matin

après-midi

Dimanche **23** Juin — Ste AUDREY

matin

après-midi

Lundi 24 Juin
St JEAN-BAPTISTE

matin

après-midi

Mardi 25 Juin
St PROSPER

matin

après-midi

Mercredi 26 Juin
St ANTHELME

matin

après-midi

Jeudi 27 Juin
St FERNAND

matin

après-midi

Vendredi 28 Juin
Ste IRÉNÉE

matin

après-midi

Samedi 29 Juin
St PIERRE-PAUL

matin

après-midi

Dimanche 30 Juin
St MARTIAL

matin

après-midi

Les montgolfières périgourdines

Si l'on veut découvrir le Périgord en montgolfière, rien de plus facile. De nombreuses organisations, clubs ou associations proposent leurs services. A défaut de les citer tous ou toutes, en voici quelques-un(e)s :

Montgolfière du Périgord,

Périgord Dordogne Montgolfières

Périgord-Montgolfière

Montgolfière et châteaux

Montgolfière du Périgord

Basée à La Roque-Gageac, cette entreprise propose de découvrir les campagnes et les grands sites périgourdins. L'aventure commence par le gonflement de la montgolfière. Puis, dans une extraordinaire sensation de douceur, les passagers se sentent propulsés vers le haut, au-dessus des forêts, des lacs et des collines périgourdines. Les maisons, les villages, les gens apparaissent de plus en plus petits. Petit à petit, l'on découvre les cités médiévales et des châteaux légendaires perchés sur leurs coteaux ou nichés au fond d'une vallée.

Le voyage permet ainsi de découvrir d'une toute autre manière les plus beaux villages de France : La Roque Gageac d'abord, puis Sarlat, Castelnaud, Montfort, Domme, Beynac… et bien d'autres.

Trois pilotes professionnels, Boris Nigrowsky, Franz Heiniger et Jean-Luc Claëssen, accueillent les visiteurs sur le terrain, puis choisissent le meilleur site de décollage… et vogue la montgolfière au gré des vents ! Deux à huit passagers peuvent prendre place dans la nacelle.

La flotte se compose de deux montgolfières de six à huit places, une montgolfière de quatre ou cinq places et une montgolfière de deux ou trois places. Les horaires varient en fonction des saisons, deux heures après le lever du soleil ou deux heures avant le coucher. Les vols sont prévus pour une durée de trois heures.

suite page 63

Remède d'autrefois, déconseillé…

Les poux (les pioux)

Il paraît que les poux sont l'indice d'une bonne santé. Les insectes rongeurs quittent le corps d'une personne malade. — Puces et wandions (punaises) fuient ceux qui ont "le sang salé". — Les chemises cousues le vendredi attirent les poux qur qui les porte. — Pour faire disparaître la vermine, empaler un poux sur une aiguille que l'on piquera dans le manteau de cheminée.

…pour les malades d'aujourd'hui !

Périgord Dordogne Montgolfières

Cette entreprise est installée à Saint-Cyprien, au lieudit Le Garrit, dans le Périgord noir. L'équipe de pilotes peut se vanter de sa grande expérience dans l'enseignement des sports aériens et peut ainsi faire profiter les voyageurs de sa connaissance historique et géographique des lieux visités. Ils peuvent transporter entre deux et quatre passagers.

C'est essentiellement au-dessus de la vallée de la Dordogne que s'effectuent les vols d'une heure à bord des ballons bleus décorés d'oiseaux peints. Ces vols, tantôt au ras des toitures, tantôt plus en hauteur, s'effectuent là encore au-dessus des châteaux de Beynac, de Castelnaud, des Milandes ou de La Roque-Gageac.

Les pilotes réalisent toute une série de photos qu'ils offriront à leurs passagers à la fin du voyage et au cours d'un petit déjeuner ou d'un apéritif.

Périgord Montgolfières

L'équipe de Périgord-Montgolfières, dirigée par Sokha et Frédéric Gourinel, est centrée à Hautefort. Et, bien entendu, le voyage consiste essentiellement à découvrir, vu du ciel, ce château imposant et fort d'une longue et riche histoire. Le décollage s'effectue au pied du château.

Mais Hautefort n'est pas le seul site visité par leurs montgolfières. Le voyage mène les visiteurs tout au long des gorges de l'Auvézère, au-dessus des plus beaux villages de France et notamment de celui de Saint-Robert.

Tout au long du parcours, Sokha et Frédéric aiment agrémenter le vol par des anecdotes passionnantes collectées au fil des précédentes balades en montgolfière.

Montgolfière et châteaux

L'entreprise est située au village de Beynac et Cazenac, au sud de Sarlat. Le pilote s'appelle Lionel DRUET. Il dit avoir pris goût à la nature et aux paysages du Périgord noir dès son plus jeune âge. Avant de devenir pilote de montgolfière, il a pratiqué le canoë-kayak, la spéléologie, l'escalade, le parapente et bien d'autres activités sportives.

Il explique que le principe de l'aérostation consiste à réchauffer, grâce à un brûleur à gaz, le volume d'air enfermé dans le ballon jusqu'à ce que celui-ci soit plus léger que l'air ambiant. Après le décollage, selon que l'on veuille monter ou descendre, le pilote doit augmenter ou diminuer la température. La montgolfière se déplaçant au gré des vents, si l'on sait d'où l'on décolle, on ne sait que rarement où l'on va atterrir.

Le point de rendez-vous se situe deux cents mètres après la sorite du village, en direction du château. Lionel propose alors à ses passagers d'admirer là encore les plus beaux villages et châteaux de France, ainsi que les splendides paysages périgourdins.

En hiver, les vols peuvent s'effectuer pendant la journée, le soleil ne réchauffant pas assez la surface de la terre pour créer des turbulences aérologiques. ■

Christian Pénicaud

Métier d'autrefois

Voilà le grand silencieux. Par toute la terre, les bergers se ressemblent, beaucoup plus que leurs moutons. Si vous aviez à l'époque traversé la Beauce, la Champagne, les Landes ou la Brie, vous auriez vu l'homme et son troupeau. On ne savait lequel mène l'autre, peut-être le troisième personnage de la bergerie, le chien?

Daumesnil, le périgourdin de l'Empereur

Pierre Yriex Daumesnil est né à Périgueux le 14 juillet 1776, il est mort le 17 août 1832. Il fut un général français lors du Premier Empire et de la Restauration. On le surnommait « la Jambe de bois ».

Fils d'un perruquier, Daumesnil s'enrôla très jeune. Son père, ancien capitaine de cavalerie voulait que son père fasse carrière dans le commerce. Mais son fils préféra s'engager à 17 ans dans le 22e régiment de chasseurs à cheval le 25 ventôse an II.

Durant les guerres révolutionnaires, il fut grièvement blessé au combat d'Elne, le 2 fructidor an II, il rejoignit son régiment en Italie au commencement de l'an IV. Il fut admis le 25 prairial an V, avec le grade de brigadier, dans une armée commandée par un certain général Bonaparte. Son général le promu au grade de maréchal-des-logis le 7 brumaire an VI.

Il monta à l'assaut de Saint-Jean-d'Acre parmi les premiers. Il reçut un coup de sabre, et fut précipité du haut des remparts dans le fossé par l'explosion d'une mine. Dans cette campagne, il sauva deux fois la vie du général Bonaparte qui le fit passer aussitôt dans le régiment des guides, où il déploya en plusieurs circonstances une grande intrépidité, notamment à la bataille d'Aboukir, le 7 thermidor an VII, où il s'empara de l'étendard de l'ennemi.

De retour en France avec Bonaparte, il entra dans les chasseurs à cheval de la Garde des consuls le 13 nivôse an VIII, y fut nommé adjudant-sous-lieutenant le 16 floréal, et lieutenant (29 messidor). Daumesnil suivit le premier Consul en Italie (1799-1800) et combattit à Marengo.

Il débuta les guerres napoléoniennes avec le grade de capitaine. Il fit les campagnes d'Autriche (an XIV), de Prusse (1806) et de Pologne (1807). Chef d'escadron après Austerlitz (27 frimaire an XIV) et officier de l'Ordre le 14 mars 1806, il est sur les champs de bataille d'Iéna, Eylau et Friedland.

Il suivit l'Empereur en Espagne en 1808. Dans l'insurrection de Madrid, le 2 mai, ce fut lui qui commanda, la principale charge de la cavalerie française contre les habitants dans la grande rue d'Alcalá.

En 1809, il était dans l'armée d'Allemagne, se trouva à la bataille d'Eckmühl, fut promu au grade de colonel-major le 15 juin. Napoléon l'anoblit en le créant baron de l'Empire. Il tomba blessé à la jambe gauche sur le champ de bataille de Wagram le 6 juillet, étant à peine remis d'un coup de lance qui lui avait percé le corps au commencement de la campagne. Amputé deux fois en quelques jours, il eut le bonheur de se rétablir, et l'Empereur lui conserva son grade et ses fonctions malgré son infirmité.

Général de brigade, commandant du château de Vincennes le 2 février 1812, il fut investi le 18 du même mois du titre de gouverneur de cette place, d'où sortirent pendant les quatre dernières années de l'Empire jusqu'à 350 mille cartouches et 40 mille gargousses par jour. Son importance était si grande, que l'Empereur, dans un ordre spécial, prescrivait au général Daumesnil d'y loger, de ne jamais découcher, et de ne pas s'en absenter un instant sans ordre. La capitulation de l'Empire fut signée le 30 mars 1814 à 5 heures du soir, prescrivait que le matériel qui couronnait les hauteurs de la capitale devait être livré le lendemain à l'ennemi. Daumesnil, la nuit-même, sortit de Vincennes avec 250 chevaux, enleva et introduisit dans la place canons, fusils et munition : matériel estimé à plusieurs millions. Il refusa de livrer Vincennes.

La capitale était occupée par les Alliés austro-russo-prussiens depuis plusieurs semaines que Daumesnil tenait encore. Les alliés réclamèrent sa reddition. Il leur répondait « Quand vous me rendrez ma jambe, je vous rendrai ma place ! » Il défendit ce poste avec le plus grand courage contre les troupes alliées.

La Restauration elle-même crut devoir honorer ce beau caractère : elle retira à Daumesnil le gouvernement de Vincennes, mais elle lui donna en échange celui de la petite place de Condé et la croix de Saint-Louis (17 janvier 1815).

Bien entendu, lorsque l'Empereur réapparu durant les 100 jours, il lui fit allégeance. Toutefois, fidèle à au serment qu'il avait fait aux Bourbons, Daumesnil n'arbora les couleurs nationales sur la citadelle de Condé que le 22 mars, c'est-à-dire après le départ de Louis XVIII.

Daumesnil se vit à nouveau confier l'arsenal de Vincennes qui renfermait un matériel considérable: plus de 52 000 fusils neufs, plus de 100 pièces de canon, plusieurs tonnes de poudre, balles, boulets, obus, sabres... Après Waterloo, les puissance européennes voulurent mettre la main sur cet armement.

suite page 68

Carnet de notes de Papounet le jardinier

Du jardin d'hier...

Dans la marmite

Fonds d'artichauts gratinés au chèvre

8 fonds d'artichauts • 2 crottins de chèvre
1 fromage de chèvre frais • 1 cuillère de ciboulette ciselée
1/2 citron • 2 cuillères d'huile d'olive
Sel fin, poivre du moulin

Faire cuire les fonds d'artchauts puis les laisser refroidir. Ecraser les crottins à la fourchette et les mélanger avec le chèvre frais, le jus du 1/2 citron, 2 cuillères à soupe d'huile d'olive et la ciboulette. Saler et poivrer.
Farcir les fonds d'artichauts avec cet appareil et les faire gratiner au four th. 6 pendant 25 minutes.
Déguster avec une salade verte.

L'artichaut

Bêcher profondément et fumer le terrain. En avril tracer des rangs espacés de 1 m, faire des trous tous les 80 cm d'une profondeur de 30 cm et autant en largeur. Mettre un peu de terreau et une poignée de poudre d'os riche en phosphore et en potasse. Disposer les œilletons par deux, recouvrir de terre en formant une cuvette pour faciliter l'arrosage. La deuxième année, bien nettoyer les plants en dégageant la terre autour de la base pour éliminer les rejets sauf deux qui assureront la production de l'année. Ne revenir sur un emplacement utilisé pour les artichauts que 5 années plus tard. Un arrosage abondant à base d'eau et de sang desséché pendant la formation des têtes permettra à celles-ci une augmentation sensible du volume. En fin de saison, raccourcir de moitié les plus grandes feuilles, lier la touffe et buter les pieds. Protéger le tout d'une couche de feuilles ou d'un voile de forçage exécuter ce travail par temps sec, de façon à éviter la pourriture.

La Framboise

Un terrain fertile et frais est idéal, mais le framboisier pousse partout. Espacer chaque framboisier de 0,50 m en tous sens. Lors de la plantation, toutes les branches des framboisiers sont rabattues entre 20 et 30 cm au-dessus du sol. La seconde année, on conserve toutes les pousses, hormis celles qui ont éventuellement fructifié. Durant la végétation, ne pas oublier d'éliminer les rejets les plus faibles ou les moins bien placés. C'est à partir de la troisième année de plantation que la récolte devient intéressante. Tendre des fils de fer entre deux piquets pour pouvoir bien les tenir ou les palisser. Planter des myosotis autour des plants pour éviter l'attaque du ver des framboises, c'est très efficace et naturel.

Un bon outil :

La Serfouette

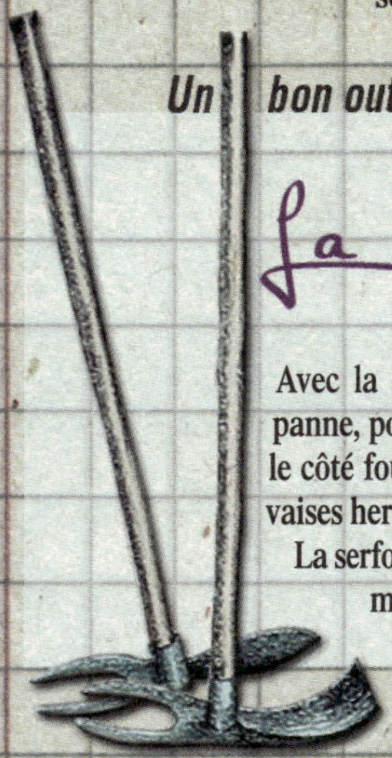

Avec la serfouette, on utilise le côté panne, pour biner et sarcler, tandis que le côté fourche sert à extraire les mauvaises herbes avec leurs racines.

La serfouette qui a un côté langue permet de sillonner avant les semis.

Extrait du *Potager à l'assiette* de Jean-Marc Gourbillon, aux éditions CPE

Photographies d'hier

Juillet

*" Le peu que je sais,
c'est à mon ignorance
que je le dois."*

Sacha Guitry

Cancer

**Du 22 juin
au 23 juillet**

Lion

**Du 24 juillet
au 23 août**

Balade dans les rues de Montpont-sur-l'Isle

Proverbe

Après la poire,
Il faut boire ;
Après la pomme,
Garde ton vin. bonhomme !

2013

La croix des moissons

La modernisation de l'agriculture n'a pas encore fait totalement disparaître l'outillage agricole traditionnel. Avec quelque chance, on arrive encore à voir un cultivateur bêchant ou piochant son champ, sa vigne ou taillant ses arbres...

L'« industrialisation », la production à outrance, le toujours plus ont, par contre, occulté presque toutes les traditions populaires rurales.

Les diverses activités, labours, semailles, moissons, vendanges, ont de tout temps fait l'objet de rites, magiques à l'origine, purement symboliques par la suite. Tous sont pratiquement abandonnés aujourd'hui.

Le repas traditionnel, qui porte de si jolis noms suivant les régions, regroupant tous les moissonneurs, était autrefois précédé d'une cérémonie où le plus courageux d'entre eux accrochait sur le porche d'entrée ou sur la porte de la grange une croix faite des plus beaux épis. Dans certaines régions elle pouvait être en bois, datée de l'année, et plus ou moins importante selon la qualité de la moisson. Elle remplissait le rôle de registre et d'ex-voto à la fois.

Ces croix prenaient des formes différentes suivant les terroirs : croix de Saint-André, en forme de X dont les branches, d'égale longueur, se coupent en leur milieu ; croix solaire, le culte du soleil, prédominant pendant toute la préhistoire et même au-delà, ayant laissé des traces dans les motifs décoratifs ruraux ; croix trinitaire, stèle sculptée en sa partie supérieure de trois croix formant calvaire, la croix centrale étant la plus élevée.
Les moissons, dont le blé allait donner la farine, qui elle donnerait le pain, étaient d'une importance capitale. La fin de celles-ci méritait un remerciement au ciel qui avait permis une manne plus ou moins conséquente.

Été de ma jeunesse

Ah, les étés de jadis, les étés de ma jeunesse, après un hiver où nous avions eu froid! C'était un temps ouvert, malgré le dur travail des champs, un temps qui permettait d'être habillé de rien et même moins que ça. Les journées laissaient de longs loisirs après le labeur, des loisirs pour affronter le soleil notre comparse, et l'eau de la rivière, délicieusement froide, la seule qui avait décidé une fois pour toutes d'ignorer la saison chaude et que nous taquinions dans la joie. Même sans voiture nous vivions à cent à l'heure, et nous rognions nos nuits, déjà brèves, pour les fêtes qui formaient une guirlande autour des jours. Temps béni des tendres découvertes et des coups de foudre à répétition, tant l'amour même fonctionnait en surchauffe. Et voilà que les ans ont passé, et que l'été et son exubérance m'intimident. Mais on se reconnaît l'un l'autre pourtant, et on se salue comme de vieux amis..

P.V

Juillet 2013

Lundi **1er** Juillet
St THIERRY

matin

après-midi

Mardi **2** Juillet
St MARTINIEN

matin

après-midi

Mercredi **3** Juillet
St THOMAS

matin

après-midi

Jeudi **4** Juillet
St FLORENT

matin

après-midi

Vendredi **5** Juillet
St ANTOINE

matin

après-midi

Samedi **6** Juillet
Ste MARIETTE

matin

après-midi

Dimanche **7** Juillet
St RAOUL

matin

après-midi

Daumesnil, le périgourdin de l'Empereur (suite)

Le général prussien von Müffling , essaya par tous les moyens de pénétrer dans le château de Vincennes : « Nous vous ferons sauter ». « Alors je commencerai, » répondait Daumesnil , en montrant une énorme quantité de poudre ; « nous sauterons ensemble. »

Les prussiens lui proposèrent un million pour prix d'une capitulation, Daumesnil rejeta leurs offres avec mépris. « Mon refus servira de dot à mes enfants. » Daumesnil fit même une sortie à la tête de quelques invalides, prit et reprit trois fois le village de Vincennes, et ramena des canons prussiens dans la place. Daumesnil, qui résista avec une armée inférieure à 200 sous-officiers. Cinq mois après il accepta de capituler devant les Bourbons. Il sortit de la forteresse avec le drapeau tricolore.

Le 8 septembre 1815, Daumesnil fut mis à la retraite par le roi.

Le baron Daumesnil vivait dans la retraite quand la révolution de Juillet 1830 éclata : un des premiers actes du gouvernement fut de lui rendre le commandement de Vincennes, dont la Restauration l'avait dépouillé. Il y rentra le 5 août, et fut promu au grade de lieutenant-général le 27 février 1831. Les ministres de Charles X y furent emprisonnés. Quand le peuple exalté sous les murs de Vincennes demanda la tête des ministres, Daumesnil lui répondit : « Ils n'appartiennent qu'à la loi, vous ne les aurez qu'avec ma vie, ». Sa réputation ramena vite à la raison la vindicte populaire. Lorsqu'il fallut transférer les ministres à la maison d'arrêt de la chambre des pairs, on craignit une nouvelle tentative contre leur vie. L'un d'eux était malade. Daumesnil, en grand uniforme, le plaça à ses côtés, dans sa voiture, et, aussi intrépide que généreux, il traversa la foule silencieuse et menaçante qui affluait sur son passage. Il se dirigea au pas vers le Palais du Luxembourg, et remit, sain et sauf, au commandant du palais le proscrit confié à sa garde.

Le baron Daumesnil est mort du choléra, à Vincennes, le 17 août 1832. ■

Les petits trucs Beauté

Un masque auto-bronzant fait maison :

Concoctez son propre masque auto-bronzant, c'est possible. Il vous suffit de mélanger un jaune d'oeuf avec deux cuillerées à caf de yaourt et de battre le tout. Ajoutez ensuite une cuillerée à ca d'huile d'olive et 5 gouttes d'huile essentielle de carotte. Appliquez une couche de cette préparation sur votre visage, votre cou et décolleté et laissez agir pendant une vingtaine de minutes. Rincez ensuite à l'eau claire. Votre teint aura ainsi pris un hâle naturel et lumineux.

La recette de Grand-Mère

L'omelette aux cèpes

Pour 6 personnes

1 kg de cèpes
3 cuillères à soupe de graisse de canard
1 cuillère d'huile • 12 œufs frais
Sel • Poivre du moulin

Essuyez délicatement les cèpes, séparez les queues des têtes. Coupez en rondelles les queues et les têtes en lamelles épaisses. Saisissez à feu moyen dans la poêle avec la graisse de canard. Lorsque les champignons sont dorés, retirez-les et réservez dans une assiette sur du papier absorbant.
Battez les œufs, ajouterz les champignons frits, salez, poivrez et remettez dans la poêle graissée à l'huile.
L'omelette saisie d'un côté doit être retournée, poursuivez alors la cuisson. Servez avec une salade à l'huile de noix.

Le saviez-vous ?

Le Musée du Fleuve et du vin de Port-Sainte-Foy

Le musée de Port-Sainte-Foy met en valeur l'histoire, les activités et les dangers de la vie quotidienne des Gabariers, maîtres-navigateurs de la Dordogne. Une superbe collection de maquettes.

De l'Auvergne à la Gironde, la Dordogne a connu, depuis la Gaule romaine, une activité marchande. Jusqu'à l'arrivée du chemin de fer, le fleuve fut en effet la voie de communication privilégiée entre le haut-pays, producteur de bois ouvrés, le pays vigneron entre Bergerac et Libourne, et Bordeaux, métropole contrôlant la navigation maritime. Avec leurs courpets, bateaux à fond plat pour affronter les rapides, les gabariers de la région d'Argentat descendaient des cargaisons de merrain et de carrassonnes, peaux et cuirs bruts destinés aux tanneries de la basse Dordogne, minerai de fer, charbon de bois et de terre, pierres et meules de moulins, sans oublier les fromages d'Auvergne et les châtaignes très prisés dans les ports du Bordelais. A Limeuil, confluent de la Dordogne et de la Vézère, on récupérait les productions des forges de haute vallée de la Vézère. A Couze, on chargeait les rames de papiers filigranés aux armes d'Amsterdam, ainsi que des sacs de grains de genièvre pour les liqueurs très appréciées par les Hollandais.

Lundi **8** *Juillet* St THIBAULT

matin

après-midi

Mardi **9** *Juillet* Ste AMANDINE

matin

après-midi

Mercredi **10** *Juillet* St ULRICH

matin

après-midi

Jeudi **11** *Juillet* St BENOÎT

matin

après-midi

Vendredi **12** *Juillet* St OLIVIER

matin

après-midi

Samedi **13** *Juillet* St HENRI, JOËL

matin

après-midi

Dimanche **14** *Juillet* FÊTE NATIONALE

matin

après-midi

Lundi **15** Juillet
St DONALD

matin

après-midi

Mardi **16** Juillet
N.-D. Mt CARMEL

matin

après-midi

Mercredi **17** Juillet
Ste CHARLOTTE

matin

après-midi

Jeudi **18** Juillet
St FRÉDÉRIC

matin

après-midi

Vendredi **19** Juillet
St ARSÈNE

matin

après-midi

Samedi **20** Juillet
Ste MARINA

matin

après-midi

Dimanche **21** Juillet
St VICTOR

matin

après-midi

Etienne de La Boétie

« Pour être esclave, il faut que quelqu'un désire dominer et… qu'un autre accepte de servir ! »

Lorsqu'Etienne de La Boétie écrivait cette phrase sur laquelle on pourrait épiloguer longtemps, il avait à peine dix-huit ans ! Elle pourrait devenir un sujet de réflexion philosophique au baccalauréat, tant il lui serait facile de lui trouver un prolongement à notre époque.

Mais qui était La Boétie ? Né à Sarlat, en Dordogne, le 1er novembre 1530, il est envoyé par son père, lieutenant d'un sénéchal périgourdin, au Collège de Guyenne, le plus brillant de cette époque, au moins dans cette région, pour faire ses études : études brillantes, qu'il poursuit à l'Ecole de Droit d'Orléans, laquelle est réputée pour diffuser des idées humanistes et même « réformistes ». Or, c'est le mouvement de la Réforme qui fut à l'origine de la naissance du protestantisme. Indirectement, il est aussi à l'origine des Guerres de Religion. Le protestantisme est quasiment né en même temps que La Boétie, lequel était de confession catholique. En 1553, il devient conseiller au Parlement de Bordeaux. A la même époque, il fait la connaissance de Michel de l'Hospital, célèbre pour sa science juridique, mais aussi pour son grand esprit de tolérance. Celui-ci n'hésite pas à confier à La Boétie une mission des plus délicates, celle d'intervenir dans plusieurs négociations pour parvenir à une solution de paix civile.

Quatre ans auparavant, La Boétie avait écrit son œuvre majeure, le « Discours de la servitude volontaire » ou « le Contr'un », dans lequel, sans défendre un système politique en particulier, il dresse un véritable réquisitoire contre la tyrannie. Notamment, il pose la question, tout à fait d'actualité encore aujourd'hui pour la plupart des Etats de ce monde, de la légitimité de n'importe quelle autorité sur toute population. Et, d'une manière très surprenante, mais tout à fait défendable, il s'attarde sur la soumission de cette population. Un rapport étroit existe, selon lui, entre la domination et la servitude ; La Boétie illustre ses textes à partir d'exemples tirés de l'Antiquité : ses études de Grec et de Latin lui servirent beaucoup.

suite page 71

Les petits trucs Beauté

Une chevelure brillante :

Préparer un mélange composé de 80% d'eau et 20% de vinaigre blanc. Appliquer ce mélange sur des cheveux propres et rincés. Vos cheveux retrouveront alors leur brillance naturelle.

La recette de Grand-Mère

La salade aux cabécous en croûte de noix

Pour 4 personnes

4 cabécous assez fermes
50 g de noix fraîches écrasées
2 blancs d'œufs • Salade
Sel • Poivre • Huile de noix
Lardons • Herbes de Provence

Mixez les noix avec du sel, du poivre, les herbes de Provence, pour obtenir une pâte fine. Mélangez cette pâte avec les blancs d'œufs. Enrobez les cabécous avec cette mixture et faites revenir dans une friture. Déposez sur une salade à l'huile de noix et aux lardons frits.

« Soyez résolus à ne plus servir et vous serez libres ! » dit-il dans son Discours. Certains n'ont pas hésité à considérer La Boétie, en raison particulièrement de ce conseil adressé aux « dominés », comme le précurseur de l'anarchisme et de la désobéissance civile. Certes, mais s'il est sûr que les « dominateurs » ont tout de même un peu plus de pouvoir que les « dominés », La Boétie rend ces derniers en partie responsables de cet état, comme il les rend responsables de l'état et de l'existence des dominateurs, qu'il appelle maîtres ou tyrans. Le rapprochement entre ces deux entités est peut-être un peu fort, mais ce juriste philosophe l'explique :

suite page 72

Le saviez-vous ?

Deux maîtres restaurateurs en Périgord Noir

Deux « maîtres restaurateurs » se trouvent en Périgord Noir et plus particulièrement en vallée Vézère. Vous aimez aller au restaurant ? C'est la marque d'un établissement qui garanti la préparation d'une cuisine élaborée sur place avec des produits bruts de qualité cuisinés des professionnels. Deux établissements ont été consacrés près de Montignac Lascaux : l'hôtel restaurant Archambeau à Thonac et l'hôtel restaurant La Roseraie à Montignac.

Juillet 2013

Lundi 22 Juillet
Ste MARIE-MADELEINE
matin
après-midi

Mardi 23 Juillet
Ste BRIGITTE
matin
après-midi

Mercredi 24 Juillet
Ste CHRISTINE
matin
après-midi

Jeudi 25 Juillet
St JACQUES
matin
après-midi

Vendredi 26 Juillet
Ste ANNE, JOACH.
matin
après-midi

Samedi 27 Juillet
Ste NATHALIE
matin
après-midi

Dimanche 28 Juillet
St SAMSON
matin
après-midi

Lundi **29** Juillet
Ste MARTHE

matin

après-midi

Mardi **30** Juillet
Ste JULIETTE

matin

après-midi

Mercredi **31** Juillet
St IGNACE de L.

matin

après-midi

Notes

Conte d'Hier...

Le Petit Chaperon rouge (9)

Le loup ayant fermé la porte, se coiffa avec la cornette de la grand'mère et se mit au lit à la place en attendant le Chaperon rouge.

(Suite page 76)

Etienne de La Boétie

(suite)

« Ils ne sont grands que parce que nous sommes à genoux » !

Pour lui, l'esclavage dans lequel est maintenue une population ne peut s'expliquer que par la lâcheté de cette dernière, car les opprimés sont mille fois plus nombreux que les oppresseurs.

Les tyrans, selon La Boétie, affaiblissent leurs peuples. Pour les maintenir dans leur état de soumission, ils leur offrent des jeux, des spectacles. Rappelons-nous la fameuse formule romaine : « panem et circenses », « du pain et des jeux ». Mais ils ont grand soin aussi de s'attirer les bonnes grâces de ceux qui tournent autour d'eux par intérêt et par flatterie, les courtisans. Les tyrans leur jettent des miettes, les rendant encore plus serviles et créant cette pyramide du pouvoir :

« Le tyran en domine cinq, qui en dominent cent, qui eux-mêmes en dominent mille !... ».

Montaigne, lui-même périgourdin, et réputé comme sage, ne pouvait qu'être sensible aux idées de La Boétie. Entendant parler de ce fameux « Discours de la servitude volontaire », qui ne sera pourtant publié qu'en 1574, bien après la mort de La Boétie, Montaigne voulut en connaître l'auteur. Les deux hommes firent alors connaissance et, de leur rencontre, naquit une grande amitié.

Ce Discours de la servitude volontaire eut en France à l'époque un retentissement tellement considérable qu'il est ressorti des bibliothèques à chaque période trouble, tout spécialement lorsqu'une tyrannie s'est installée ou se profile à l'horizon. Le texte en sera même réimprimé à chaque période de lutte pour la démocratie, et notamment en 1789, mais aussi en 1835 et en 1857, contre Napoléon III.

Etienne de La Boétie meurt prématurément en 1563, à 33 ans, amenant certains, trois siècles plus tard, à l'appeler « le Rimbaud de la pensée ». ■

C.P

Remède d'autrefois, déconseillé...

Sueur des pieds

Les hommes, seuls, transpirent des pieds. Cette transpiration est nécessaire à la bonne santé. — Jeter un peu de poudre à moutarde à l'intérieur des chaussettes. — Gravir le vieux Thier de Chèvremont, se rendre derrière la petite chapelle, y enlever ses chaussettes qu'on abandonne à l'intention des pauvres et porter 10 chandelles au brûloir autant que d'orteils.

...pour les malades d'aujourd'hui !

Carnet de notes de Papounet le jardinier

Du jardin d'hier...

Dans la marmite

Tomates soufflées au Comté

12 tomates moyennes
300 g de Comté râpé • 4 œufs entiers
35 cl de litre de lait • 50 g de farine
50 g de beurre • Sel et poivre du moulin
Muscade râpée

Couper le dessus des tomates, les vider et les laisser s'égoutter.
Faire un roux avec le beurre et la farine.
Mouiller avec le lait et laisser cuire quelques minutes en fouettant.
Incorporer le fromage râpé.
Hors du feu, ajouter les jaunes d'oeuf puis assaisonner. Battre les blancs d'œuf en neige bien ferme, puis les incorporer au mélange. Ensuite remplir les tomates avec cet appareil. Cuire 20 minutes à four chaud th7.Les tomates soufflées au fromage peuvent se déguster en entrée ou accompagnées de la viande blanche.

La Tomate

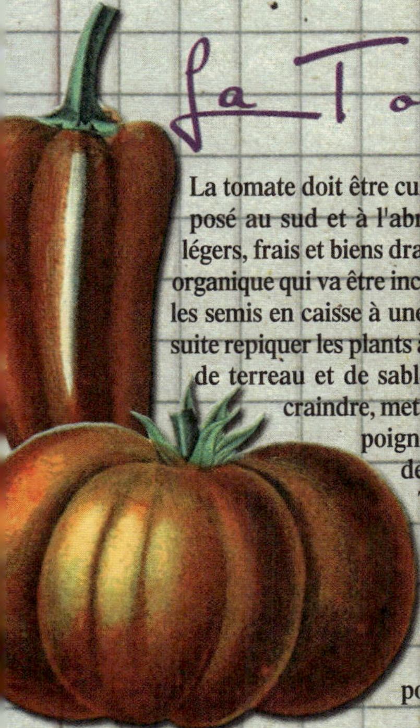

La tomate doit être cultivée dans un endroit ensoleillé, exposé au sud et à l'abri du vent .Elle préfère les terrains légers, frais et biens drainés. Ce qui compte, c'est la matière organique qui va être incorporée au sol. Commencer par faire les semis en caisse à une température de 18°C environ. Ensuite repiquer les plants à 4 feuilles en godet avec un mélange de terreau et de sable. Quand les gelées ne sont plus à craindre, mettre les plants en pleine terre avec une poignée d'orties comme engrais, espacés de 60 cm et 1 mètre entre chaque rang. Toujours arroser au pied et jamais sur le feuillage. Ensuite éliminer les ramifications latérales qui poussent sous l'aisselle de chaque feuille. Ôter les feuilles du bas pour éviter les maladies. Prévoir un bon paillage pour parer à la sécheresse.

Ne pas planter de l'aneth, des haricots grimpants, et des pommes de terre à coté des pieds de tomates

La Pêche

Le pêcher est un arbre fruitier très résistant au froid. Toutefois les fleurs sont très fragiles aux gelées printanières dès -1°C et la récolte est compromise. Les pêches blanches conviennent mieux dans le jardin, elles sont plus juteuses et plus parfumées. L'arbre est souvent auto-fécond. Le système racinaire du pêcher nécessite sa plantation dans des sols assez profonds. Les sols perméables et aérés lui sont favorables alors que les sols lourds et mal drainés sont à l'origine de l'asphyxie radiculaire. Une exposition ensoleillée et abritée est presque indispensable. L'arbre craint l'oïdium, le monilia et surtout la cloque du pêche ; pour cela pulvériser de la bouillie bordelaise en fin d'hiver et ensuite toutes les deux semaines. Il ne fructifie que vers la cinquième année et sa vie est de vingt ans environ.

Un bon outil :

Le cordeau

Le cordeau du jardinier est composé de deux bâtons d'acacia si possible, taillés en pointe et reliés par une cordelette souple d'une longueur d'environ dix mètres, qui une fois tendue sert à représenter provisoirement une ligne droite, pour permettre de tracer des lignes droites pour les semis ou les plantations.

Extrait du *Potager à l'assiette* de Jean-Marc Gourbillon, aux éditions CPE

Photographies d'hier

Août

" Il y a deux choses inadmissibles sur la terre la mort - et les impôts. Mais j'aurais dû citer en premier les impôts."

Sacha Guitry

Lion

Du 24 juillet au 23 août

Vierge

Du 24 août au 23 septembre

Balade dans les rues de Nontron

Dicton

À trompeur trompé
Le diable en rit.

2013

Soleil et bains de mer

On ne peut imaginer les plages les plus belles, les plus recherchées de nos côtes, au siècle dernier. Elles sont alors aussi désertes en plein mois d'août que les rues des grandes villes pendant la finale de Coupe d'Europe de Football. Il y a à cela plusieurs explications. La première, et la plus rédhibitoire, est qu'à cette époque il n'y a pas de vacances. Nos ancêtres n'en ont jamais eu. Il est vrai que sous l'Ancien Régime le calendrier comptait braucoup de jours fériés. Richelieu ne disait-il pas que : « le peuple est un mulet qui se gâte par le repos » ? Puis le développement du capitalisme oublia de prévoir des périodes de vacances. Il fallut attendre Léo Lagrange et les congés payés pour que commencent vraiment les grandes transhumances.

Une autre explication vient s'ajouter à la précédente : il ne serait venu à l'idée de personne de passer l'été au bord de la mer, moins encore de s'y baigner. Nos ancêtres avaient bien trop peur du soleil.

Sous l'Ancien Régime, les bains de mer sont pratiquement inconnus. Ils ne figurent que parmi les remèdes éventuels contre la rage.

Au dire des médecins, il suffit que l'on aille prendre ce bain « avant que le venin n'ait pénétré jusqu'aux parties nobles, ce qui est d'ordinaire dans l'espace de neuf jours ». C'est ainsi, en 1671, que trois demoiselles d'honneur de la reine se précipitent à Dieppe. L'une d'elles prend son bain devant Madame de Sévigné qui l'observe avec compassion : « J'ai vu Madame de Ludre (...). Elle a été plongée dans la mer ; la mer l'a vue toute nue et sa fierté en est augmentée, j'entends la fierté de la mer, car, pour la belle, elle en était fort humiliée. »

De nos jours la fierté de la mer ne doit plus savoir où donner de la tête, si l'on en juge par toute cette chair étalée, au mois d'août, sur nos plages.

Quelle chaleur !

En août, en tout cas sur sa fin, la nuit sait se faire plus profonde, retrouver la vraie nuit qui prépare au petit matin frais; un peu trop frais, peut-être même, car cette fraîcheur nous éloigne inéluctablement de l'été, comme qui dirait de la jeunesse, et cela ne manque pas de réveiller en moi un peu de nostalgie. On pose, en pensée, cette fraîcheur à côté de la tiédeur des nuits de naguère, une tiédeur qui prolongeait le jour et empêchait la nuit de tomber tout à fait. C'était, en fait, une nuit pour rire. L'été véritable c'est déjà du passé, celui où la nuit est un animal aux aguets que l'absence momentanée du soleil a surpris dans sa quête, juste une pause. Les semaines de juillet nous ont laissé un été en sursis, qui mourra de sa belle mort, mais dont les orages nocturnes, de temps en temps, déjà nous lavent.

P.V

Conte d'Hier...

Le Petit Chaperon rouge (10)

Enfin le petit Chaperon rouge arriva à la porte de sa grand'mère, toc, toc ! qui est là, cria le loup de sa grosse voix, qu'il avait oublié de contrefaire.

(Suite page 86)

Août 2013

Jeudi 1er Août
St ALPHONSE

matin

après-midi

Vendredi 2 Août
St JULIEN-EYM.

matin

après-midi

Samedi 3 Août
Ste LYDIE

matin

après-midi

Dimanche 4 Août
St J.-M. VIANNEY

matin

après-midi

Lorsque Fulbert Dumonteil nous parle de la chèvre

(Extraits)

« Douée d'une agilité surprenante, d'une gaieté pittoresque et d'une grâce étrange ; indépendante et hardie comme une fille des abîmes et des glaciers ; paradant dans les jeux du cirque, cabriolant sur les tréteaux, tirant la bonne aventure sur les places publiques, et dansant comme une almée autour de la Esméralda ; la corne en arrière, le nez busqué, la bouche sensuelle et l'oeil brillant ; la patte leste et les moeurs légères, impatiente de la corde, irrégulière de l'étable, dédaigneuse de caresses ; fantaisiste et bizarre, grimpant le long des corniches et se suspendant aux flancs des rochers ; insouciante et friande, avide de voltige et de bourgeons, fléau des bois, ne vivant que pour l'aubépine et la liberté, le salpêtre et l'amour. »

« Commençons d'abord par son seigneur et maître, le Bouc : Mauvais caractère, mauvaise odeur et mauvaise réputation ; impudent et impudique, emblême de luxure et de brutalité ; l'air hautain, dédaigneux ; marchant d'un pied d'airain à la tête de son sérail, le front large, les cornes hautes et menaçantes, la barbiche flottante et touffue, les yeux étincelants comme deux boutons d'or ; faisant sonner sa clochette d'un air vainqueur, enveloppant enfin son harem fringant d'un regard oblique et farouche. Vindicatif et sournois, tyrannique et débauché, opiniâtre et vaillant, autoritaire et butor, affamé de ronce et de vengeance, n'oubliant rien et bravant tout, assouvissant, un beau jour, dans le sang de son maître, la haine d'une année. Bête, satyre ou diable, tel est le bouc. Eh bien ! malgré ses débauches et ses méfaits, on ne peut lui contester son superbe courage, sa grandeur sauvage, sa majesté satanique, je ne sais quel prestige de réprobation et de fatalité. »

suite page 78

Les petits trucs Beauté

Bronzez sans soleil grâce au thé !

Dans un quart de litre d'eau bouillante, versez 2 grandes cuillerées à soupe de thé noir et laissez infuser 15 minutes. Après avoir passé la préparation, laissez-la reposer 2 jours minimum. Pour bénéficier d'un autobronzant 100 % naturel et à un prix défiant toute concurrence, versez la préparation sur un coton et badigeonnez-en les parties de votre corps que vous souhaitez teinter. Le hâle ainsi déposé sur votre peau part à l'eau. Ne conservez pas la préparation plus de 7 jours.

La recette de Grand-Mère

Le chapon à la Talleyrand-Périgord

Un chapon de 2 kg
1 carotte • 1 oignon • 3 échalotes
3 gousses d'ail non épluchées
1 bouteille de Monbazillac madérisé
10 cl d'Armagnac • 150 g de truffes
40 cl de crème • 1 litre de bouillon
Bouquet garni

Découpez le chapon en morceaux, salez, poivrez, faites revenir dans un peu de graisse d'oie. Coupez les légumes en petits morceaux et ajoutez-les au chapon. Faites étuver à couvert pendant quelques minutes. Ajoutez le bouquet garni, l'ail en gousses, l'Armagnac flambé. Laissez réduire puis ajoutez peu à peu le Monbazillac et le bouillon de volaille. Couvrez et laissez mijoter 1 heure. Ajoutez enfin les truffes coupées en lamelles et la crème. Laissez cuire 1/4 d'heure sans couvercle.

Le saviez-vous ?

Une légende expliquerait pourquoi le Périgord, tout comme la Bretagne, compte beaucoup de familles nobles ?

Au temps jadis, Dieu voulant renouveler les familles, appela un ange, et lui remettant un sac lui dit : « Parcours la France qui est ruinée et dépeuplée par les guerres, jette tout en volant ce qui est dans le sac, et quand il sera vide, reviens me rendre compte de ta mission ». L'ange déploya aussitôt ses ailes, et tenant en main le sac, se mit à y puiser, et il en jetait le contenu à travers les airs. Le vent était fort, et poussa vers le Périgord une partie de ce que le sac contenait. Lorsque l'ange, plana au dessus de la Bretagne, il s'aperçut que le sac était à moitié vide, et il versa le reste sur le sol. Voilà pourquoi le Périgord et la Bretagne, ont tant de familles nobles.

Elvire de CERNY en 1899

Août 2013

Lundi **5** *Août*
St ABEL

matin

après-midi

Mardi **6** *Août*
Transfiguration

matin

après-midi

Mercredi **7** *Août*
St GAËTAN

matin

après-midi

Jeudi **8** *Août*
St DOMINIQUE

matin

après-midi

Vendredi **9** *Août*
St AMOUR

matin

après-midi

Samedi **10** *Août*
St LAURENT

matin

après-midi

Dimanche **11** *Août*
Ste CLAIRE

matin

après-midi

Août 2013

Lundi **12** *Août*
Ste CLARISSE

matin ....

après-midi ....

Mardi **13** *Août*
St HIPPOLYTE

matin ....

après-midi ....

Mercredi **14** *Août*
St EVRARD

matin ....

après-midi ....

Jeudi **15** *Août*
ASSOMPTION

matin ....

après-midi ....

Vendredi **16** *Août*
St ARMEL

matin ....

après-midi ....

Samedi **17** *Août*
St HYACINTHE

matin ....

après-midi ....

Dimanche **18** *Août*
Ste HÉLÈNE

matin ....

après-midi ....

Lorsque Fulbert Dumonteil nous parle de la chèvre

(Extraits) (suite)

« Cynique et fier, il secoue sa grosse tête de satyre, comme s'il voulait jeter au vent toutes les légendes diaboliques dont la superstition enroula ses cornes, et il s'avance à travers les buissons et les ravins, avec une résignation hautaine, comme s'il était chargé encore des iniquités d'Israël. »

« Chez nous, la Chèvre est la vache de l'indigent, comme l'âne est le cheval du pauvre, c'est l'hôtesse aimée des cabanes et gâtée des enfants. Combien de fois n'a-t-elle pas prêté le secours de ses riches mamelles au sein tari d'une mère, et rempli tous les devoirs d'une bonne nourrice.

Épouse un peu légère, la Chèvre est une mère excellente. Il faut la voir au milieu de ses cabris jouant, exécuter pour leur plaire des cabrioles audacieuses qui ne sont plus de son âge. Il faut l'entendre quand on lui a ravi ses petits, appeler ses chers chevreaux de cette voix navrante, presque humaine, qui a l'air d'un sanglot. »

« Eh bien ! c'est pour la Chèvre de nos pays que je garde mes sympathies. Pour la Chèvre qui nourrit le montagnard des Alpes ou des Pyrénées, le paysan des monts d'Auvergne ou de mes chères collines du Périgord ; c'est pour la Chèvre bienfaisante et familière des cabanes, qui promène ses puissantes mamelles au milieu des bruyères roses et des genêts d'or, tandis que ses cabris joyeux bondissent au bord des torrents. »

« Qu'importe. Je me rappelle que, tout enfant, je mêlais dans mes prières naïves aux noms de mes parents celui de ma nourrice à barbe, restée la compagne de mes jeux. »

« Sur mes vieux jours, je me souviens encore de Jeannette et je lui consacre ici ces dernières gouttes d'encre, en reconnaissance du lait dont elle me nourrit. » ■

Les petits trucs Beauté

Une lotion hydratante après-soleil au concombre :

Voici une recette maison facile pour réhydrater votre peau après une exposition au soleil : prenez un concombre et passez-le au mixeur.
Filtrez-le ensuite pour recueillir son jus. Mélangez le jus ainsi obtenu avec deux cuillerées à soupe d'huile d'amande douce. Appliquez cette lotion hydratante après la douche.

La recette de Grand-Mère

Le brochet au bergerac sec

Pour 4 personnes

1 brochet moyen
3 cuillères à soupe de beurre
2 oignons • 2 carottes
1 bouteille de Bergerac sec
1 œuf • 1jus de citron
1 cuillère à soupe de farine
1 verre de crème fraîche • Sel • Poivre

Dans un plat à gratin, en terre de préférence, étalez un fond d'oignons et carottes finement émincés avec 2 cuillères de beurre.
Déposez le brochet vidé, écaillé et ciselé sur le fond. Mouillez d'une bouteille de Sauvignon. Salez, poivrez, couvrez d'un papier sulfurisé. Cuisez à four chaud 30 minutes environ.
Retirez alors le vin blanc et avec celui-ci mouillez un roux fait avec une cuillère de farine et une cuillère de beurre. Laissez épaissir la sauce en tournant toujours.
Ajoutez la crème fraîche, réchauffez un peu sans laisser bouillir, liez hors du feu avec la jaune d'œuf et le jus de citron.
Servez très chaud.

Le saviez-vous ?

Cadiot, le Lourdes du Moyen Âge

En 1900, en travaillant dans un champ situé sur le coteau de Cadiot, près Carlux (Dordogne) des ouvriers ont été fort surpris de rencontrer sous leur pioche des ossements humains et des cercueils en pierre dure.

Sur le coteau boisé de Cadiot s'élevait, 600 ans auparavant, une église miraculeuse. Cette église, dont on retrouve encore quelques vestiges, était dédiée à saint Eutrope, et, de tous les coins de la France, les infirmes de toute sorte venaient là pour obtenir leur guérison.

Autrement dit, Cadiot fut au quatorzième siècle le lieu de pèlerinage national, le Lourdes de l'époque. Vers 1406, lesAnglais occupèrent ces parages et démolirent l'église des miracles. L'endroit où les ossements ont été découverts est le vieux cimetière de Cadiot. Voilà comment s'explique cette lugubre découverte.

L'église et les miracles de Saint-Eutrope disparurent pendant la guerre de Cent Ans.

AOÛT 2013

Lundi **19** Août
St JEAN-EUDES
matin
après-midi

Mardi **20** Août
St BERNARD
matin
après-midi

Mercredi **21** Août
St CHRISTOPHE
matin
après-midi

Jeudi **22** Août
St FABRICE
matin
après-midi

Vendredi **23** Août
Ste ROSE de L.
matin
après-midi

Samedi **24** Août
St BARTHÉLEMY
matin
après-midi

Dimanche **25** Août
St LOUIS
matin
après-midi

Août 2013

Lundi 26 Août
Ste NATACHA

matin

après-midi

Mardi 27 Août
Ste MONIQUE

matin

après-midi

Mercredi 28 Août
St AUGUSTIN

matin

après-midi

Jeudi 29 Août
Ste SABINE

matin

après-midi

Vendredi 30 Août
St FIACRE

matin

après-midi

Samedi 31 Août
St ARISTIDE

matin

après-midi

Notes

Indian Forest Périgord

Sous ce nom évoquant nos amis les Indiens, se cache en fait un Parc acrobatique en hauteur. Indian Forest Périgord propose six parcours très sportifs en forêt. En toute sécurité, pour petits et grands. Mais il faut bien choisir son jour, le Parc étant fermé les jours de pluie, ce qui se comprend aisément.

Le site se trouve sur les terres du Manoir de La Feuillade, sur la commune de Carsac-Aillac, à moins de 10 km au sud-est de Sarlat.

Sur cinq des six parcours, sont aménagés 82 ateliers d'escalade.

Bien entendu, les conseils de sécurité élémentaire sont donnés aux utilisateurs des parcours. Du reste, les guides sont toujours présents et surveillent scrupuleusement les mouvements des uns et des autres.

Le parcours "Initiation-test"

Il est obligatoire pour tout le monde. Il comprend 1 pont de singe, 1 tyrolienne descendante, 1 tyrolienne montante et une corde à Pascal. Par "tyrolienne", il faut entendre une glisse sur câble avec poulie; la "corde à Pascal" consiste en un saut à la Tarzan.

Le parcours Vert ou parcours Kid

C'est, bien sûr, un parcours réservé aux enfants de 4 à 8 ans, mais aussi à des adultes débutants ou quelque peu craintifs. De niveau TRES FACILE, il comporte 14 ateliers.

suite page 81

Remède d'autrefois, déconseillé...

La variole (neurès pokes – varioli)

Pour éviter la défiguration, baigner le visage avec l'eau des haricots. — Pour guérir le mal, bains de pieds au lait. — Pour "faire sortir les pokes", prendre des crottes de mouton dans du vin. — Pour "faire tomber les croutes", laver à la vapeur de lait.

...pour les malades d'aujourd'hui !

Il comprend 1 pont de singe double avec câble de sécurité, 2 tyroliennes montantes, 2 ponts de singe simple avec câble, 2 poutres suspendues, 1 passerelle népalaise (ou pont suspendu), 1 pont de singe avec filet, 1 pas de géant suspendu, 2 poutres suspendues désaxées, 2 tyroliennes descendantes, 1 poutre d'équilibre et 1 corde à Pascal.

Le parcours Bleu ou parcours "Indiana"

De niveau FACILE, il est prévu pour les enfants de 9 à 11 ans et pour des adultes. Il comporte 17 ateliers répartis de la manière suivante:

1 pas de géant ascendant, 2 ponts de singe, 8 balançoires, 2 poutres suspendues, 1 pont de singe avec filet, 2 passerelles népalaises, 1 corde à Pascal, 1 tyrolienne montante, 2 tyroliennes descendantes, 1 pont de singe à écarteur en V, 1 poutre d'équilibre, 1 filet à momo, 1 échelle à perroquet et 1 toboggan.

Le Parcours Rouge ou parcours "Géronimo"

De niveau MOYEN, il s'adresse à des enfants de 12 à 14 ans et à des adultes. Il comporte 23 ateliers:

1 mur d'escalade incliné, 1 poutre d'équilibre ascendante, 4 poutres suspendues horizontales, 1 pont de singe à écarteur en V, 3 tyroliennes descendantes avec échappatoires, 10 balançoires, 5 tonneaux, 5 ponts de singe sans filet, 1 pont de singe avec filet, 1 tyrolienne montante, 1 passerelle népalaise ascendante, 1 filet à momo de descente, 1 corde à Pascal, avec filet à grimper et échappatoire, 1 trapèze.

Le Parcours Noir ou parcours "Aigle noir"

Celui-là est de niveau DIFFICILE. Il s'adresse aussi à des enfants de 12 à 14 ans et à des adultes. 12 ateliers:

1 passerelle népalaise pas de géant, 2 poutres suspendues ascendantes, 1 échelle horizontale avec échappatoire, 1 pont de singe avec filet, 1 trapèze avec tyrolienne descendante et 1 filet à grimper, 1 mur d'escalade suspendu, 2 tyroliennes descendantes, des étriers, 1 tyrolienne montante avec échappatoire.

suite page 82

Métier d'autrefois

Le pêcheur à la ligne a un frère, le pêcheur au filet, comme la comédie a une sœur, la tragédie. Ils ne se ressemblent pas. Cela est bien évident pour le marin, pour le pêcheur côtier dont la vie est pleine de fatigue et de danger: le Provençal qui capture le thon à la madrague et qui tend le trémail pour la dorade et le rouget, les Basques et les Bretons, qui pèchent la sardine.

Indian Forest Périgord (suite)

Le Parcours Noir ou parcours "Fun"

De niveau TRES DIFFICILE, il est réservé à des enfants de plus de 15 ans et à des adultes. Ses 16 ateliers se répartissent ainsi :

1 échelle d'accès avec passerelle bibi, 1 double tyrolienne, 1 passerelle à construire, 1 saut de puce, 1 passerelle avec îlots, 1 passerelle népalaise, auxquels il faut ajouter débrouille, snox-board, fear factor, saut de Tarzan, tournicoti, rotulien, tyrolienne vertigineuse, balançoire glissée, passerelle étroite et échelle de sortie.

Détails complémentaires importants:

- Le site "Indian Forest Périgord" a fait l'objet d'une Déclaration à la jeunesse et aux Sports.

- Il est situé à 5 km de Sarlat, en direction de Souillac. Quatre autoroutes le desservent.

Aéroports à Périgueux, Bergerac et Brive. Gare ferroviaire à Sarlat. Liaisons autocars possibles.

- Tarifs :

. Bambin (4 à 8 ans) - adulte : 12 €

. Cadet (9 à 11 ans) - Adulte : 17 €

. Junior (12 à 14 ans)

. Adulte : 22 €

. Adulte + 15 ans : 24 €.

Des tarifs spéciaux sont prévus pour familles, clientèle locale et groupes.

- " Indian Forest Périgord " prête à chaque visiteur une paire de gants.

- Nombreuses visites possibles aux environs: Sarlat, Domme, Châteaux de Beynac, de Castelnaud, des Milandes, Grotte de Lascaux, Les Eyzies et ses grottes préhistoriques.

Voilà de quoi passer un séjour très agréable, où chacun pourra tester ses capacités à dominer sa peur, à tenter ce qu'il n'a peut-être encore jamais osé! Pour les enfants et les adolescents, n'est-ce pas une merveilleuse manière de grandir un peu plus ? ■

Christian Pénicaud

Carnet de notes de Papounet le jardinier

Du jardin d'hier...

Dans la marmite

Cake aux carottes et aux raisins

3 œufs entiers • 150 g de farine • 1 sachet de levure
15 cl d'huile d'olive • 10 cl de lait • 5 carottes
100 g de fromage râpé • 100 g de raisins secs
1 pincée de cannelle • 1 noix de beurre • Sel, poivre

Mettre les raisins à tremper dans un peu d'eau chaude. Faire revenir les rondelles de carottes dans 5 cl d'huile d'olive pendant 2 minutes. Ajouter les raisins, la cannelle et l'assaisonnement. Cuire 5 minutes à couvert, puis verser 2 verres d'eau ou de bouillon de volaille, laisser mijoter 15 minutes. Dans un saladier, mélanger la farine avec la levure et les œufs, puis ajouter l'huile, le lait, le fromage râpé et enfin les carottes égouttées. Verser cette préparation dans un moule à cake beurré et faire cuire 45 minutes. Vérifier la cuisson avec une lame de couteau, le cake est cuit quand la lame ressort sèche. Servir tiède avec un poisson grillé.

La Carotte

Pour la culture de la carotte le terrain doit être soigneusement préparé. Après un bêchage d'hiver, griffer et ratisser correctement. La carotte apprécie un sol profond, frais et bien travaillé. Éliminer un maximum de cailloux car la carotte a tendance à fourcher à la rencontre d'un obstacle. Si la terre est un peu lourde, ajouter du sable ou de la tourbe pour alléger l'endroit du semis. En février, semer les variétés primeurs. Attendre juin pour semer les carottes de longue conservation. Au moment du semis tracer des sillons de 1 cm de profondeur en respectant 30 cm entre les rangs. Refermer le sillon avec un rateau en tassant, puis arroser en pluie fine. Un mois après la levée, éclaircir à 3 cm. On peut semer des radis en même temps que les carottes ; en arrachant les radis, on éclaircit les carottes. Attendre 4 mois environ pour récolter.

L'oignon cultivé à coté de la carotte est très efficace contre la mouche de la carotte.

La Pomme

Le pommier apprécie un sol lourd et riche, pas trop sec, plutôt frais et bien drainé, sous une exposition assez ensoleillée.La plupart des pommiers sont autofertiles, mais pour accroître les chances de fructification, il est généralement recommandé de planter deux variétés. Réaliser un trou de 50 cm de circonférence par 60 cm de profondeur, puis enrichir le fond avec du bon fumier de bovin, un peu de cornes broyées puis rajouter de la bonne terre. Planter et faire une cuvette pour pouvoir assurer un arrosage régulier. Suspendre des pièges à base de phéromone, pour éliminer la mouche de la pomme. Contre la tavelure, pulvériser du soufre, et contre le chanvre de la bouillie bordelaise.

Un bon outil :

La fourche

À l'origine, les fourches étaient confectionnées en bois avec une fourche naturelle de la branche d'un arbre, d'où leur nom. Les fourches à trois dents étaient très recherchées. Le cornouiller fournissait les meilleures fourches. Mais les renommées fourches de Sauve sont fournies par des micocouliers.

Extrait du *Potager à l'assiette* de Jean-Marc Gourbillon, aux éditions CPE

Photographies d'hier

" Les curés se consolent de n'être pas mariés quand ils entendent les femmes se confesser. "

Armand Salacroix

Septembre

Vierge

Du 24 août au 23 septembre

Balance

Du 24 septembre au 22 octobre

Balade dans les rues de Saint Léon

Proverbe

Bon cabaret n'a pas besoin d'enseigne.

2013

Les almanachs populaires

Avant l'almanach des terroirs de France : Les almanachs populaires (Article paru en 1894 dans la Revue des Traditions Populaires*)*

Parmi les almanachs publiés chaque année, il en est plusieurs qui présentent de l'intérêt au point de vue de nos études, et renferment des matériaux, parfois intéressants, qu'il est utile de signaler, parce que, sans cela, ils risqueraient d'échapper à l'attention des chercheurs, surtout lorsque la brochure est purement locale, et n'a pas comme *l'Armana prouvençau* par exemple, un public de lettrés assez nombreux. Nous serions obligés à nos collègues, de vouloir bien nous signaler ceux parus dans leur région.

L'Almanach des Bonnes gens du pays de Montbéliard, 1894 publié par M. de Résener, qui l'a illustré de très intéressants dessins, soit de lui, soit de ses amis, se propose, ainsi que le dit un avis aux lecteurs « de former la collection de nos souvenirs populaires. » Il contient plusieurs histoires en patois, les *Ditons de mai de grand'mère Bîcheli* (une quarantaine de proverbes en patois) et un certain nombre d'adaptations d'airs populaires sur des rimes modernes ; ces airs sont destinés à la fête locale des Campenottes. Les chansons populaires proprement dites sont représentées par *Lai Diaichotte endiablaie*, version patoise de la fille pressée, et par une version, en français de *Là haut sur la montagne j'ai entendu pleurer* (tous deux avec musique).

Le Conteur de la Veillée, Almanach du Maine et du Perche, malgré son aspect archaïque tant au point de vue du texte qu'à celui des gravures ne remonte qu'à six ans. Il est publié par A. Filleul, à Nogent-le-Rotrou.

Le Messager de la Beauce et du Perche (catholique) est à sa 44e année ; il est publié à Chartres par J. Langlois. Il contient le conte de *« Requiescat in pace »*, publié par V. Brunet dans la *Revue des traditions populaires*, qu'il cite honnêtement du reste, et, à propos d'un accident survenu à Châtillon-en-Dunois, on lit quelque détails sur la journée de l'ouvrier marneron. Il est averti la nuit de se rendre au puits par le son monotone d'une cornemuse de saule qui se faisait autrefois entendre à la messe de la Sainte-Barbe, qu'on ne dit plus maintenant.

L'Ami du Foyer, Almanach du Perche et du Saounois, Orne, Eure-et-Loire et Sarthe, par Perchon (de l'Orne), Mortagne, Daupeley, 29e année, présente quelques échantillons de patois du Perche, parmi lesquels un amusant récit des mésaventures de la maîtresse Piroteau, au cours d'un voyage à Paris.

P.S

Le coing

Contre quoi cogne-t-il en dedans pour se faire tant de bosses sur le front ? C'est une poire casse-cou au parcours si accidenté qu'il n'arrive à maturité que tard. Mais alors, quel arôme ! Il est couleur de feuilles d'automne et de soleil couchant, et éclaire le jardin tard dans l'après-midi de septembre. Sa peau est veloutée plus qu'il ne faut, comme s'il s'était déjà habillé pour l'hiver.

Sa chair de bois est vermoulue comme un vieux meuble, de sorte que beaucoup se contentent de la consommer de l'œil et du nez. La ménagère qui pense à sa pâte, à sa compote et à ses confitures, l'attaque au couteau, mais c'est la hache qu'il faudrait. Une longue cuisson seule lui fait rendre son sang vermeil et doucement acidulé de fruit austère, que la dureté de la vie a fait refluer dans son cœur

P.V

Conte d'Hier...

Le Petit Chaperon rouge (11-12)

Le petit Chaperon rouge entendant cette grosse voix se recula effrayée. Mon Dieu comme grand' mère est enrhumée, puis elle dit : c'est moi grand'mère, je vous apporte une galette et un petit pot de beurre.

Cette fois, le loup lui cria en faisant la petite voix : tire la chevillette, la bobinette cherra. Le méchant loup grillait d'impatience de croquer aussi la petite fille. **(Suite page 91)**

Saint Sacerdos

S'il est fêté dans le diocèse de Périgueux, c'est à Limoges qu'il exerça son épiscopat. Cependant, il est bel et bien le patron de la ville de Sarlat.

Avant d'être évêque, il fut moine puis abbé et choisit de terminer sa vie en ermite.

Et c'est dans le Périgord, à Calviac, qu'est né Sacerdos (prénom prédestiné !), vers le milieu du Vème siècle. Son père, Laban, mourut peu après sa naissance, laissant à sa femme, Modane, le soin d'éduquer leur fils. Modane était très chrétienne et donna à Sacerdos toute l'éducation religieuse en laquelle elle croyait.

Puis elle confia son fils à l'évêque de Cahors, Capuan, qui lui conféra les ordres sacrés. Sacerdos retourna alors à Calabre, à quelques kilomètres de Sarlat : il trouva un petit monastère où il vécut pauvre, vivant d'aumône. Il fit réparer ce monastère et y vécut sept années, puis fut élu abbé. La réputation de sa sainteté était telle qu'après la mort de l'évêque de Limoges, Aggerius, il fut désigné pour lui succéder. Pendant de nombreuses années, il s'occupa avec bienveillance de son diocèse. Mais, à l'heure où il sentait sa fin prochaine, il voulut retourner dans son monastère, ce qu'il ne put accomplir, la mort le surprenant trop tôt. Il fut tout de même inhumé dans ce monastère, où plusieurs miracles eurent lieu peu de temps après. Quelques siècles plus tard, le monastère de Calviac fut ruiné par les guerres. Son abbaye fut alors réunie à celle de Sarlat et le corps de Sacerdos y fut transporté. La ville décida alors d'en faire son saint patron. En 1122, il fut canonisé. Un buste-reliquaire se trouve encore dans l'église. ■

C.P

Septembre 2013

Notes

Dimanche 1er Septembre
St GILLES

matin

après-midi

Les petits trucs Beauté

Pour apporter brillance et tonus aux boucles :

Ingrédients : 3 bananes très mures
1 c.à café d'huile d'amande, 1/2 tasse de jus de carotte

Mixez tous les ingrédients. Appliquez sur cheveux mouillés et essorés. Enveloppez dans une serviette humide et laissez poser 1/2 heure. Rincez à l'eau tiède.

La recette de Grand-Mère

L'oie maigre rôtie à la farce noire

Pour 4 personnes

1 oie de 3,500 à 4 kg
200 g de mie de pain de campagne humectée de 10 cl de lait, puis égouttée
2 œufs entiers
1 gousse d'ail
1 petit bouquet de persil simple
1 oignon moyen
2 échalotes émincées et revenues légèrement à la graisse d'oie
Sel • Poivre
150 g de lard salé

Videz l'oie et habillez-la (préparez à rôtir), hachez le foie et le gésier de l'oie avec l'oignon, ail, échalotes, lard gras salé; mélangez avec la mie de pain, les œufs, salez légèrement, poivrez; farcissez-en l'oie, cousez les extrémités, salez et poivrez la volaille, badigeonnez-la de graisse d'oie, cuisez 2 h 30 à 3 h à four chaud en arrosant souvent avec le jus de cuisson. Servez avec des châtaignes blanchies.

Le saviez-vous ?

Claude Seignolle : collecteur de tradition

Claude Seignolle est né à Périgueux en 1917. Comme beaucoup des hommes de sa génération, son enfance fut bercée par les histoires et légendes que sa grand mère Augusta lui racontait en souvent en occitan. Exilé à Paris, il avait t la nostalgie de son enfance périgourdine.

Après la seconde guerre mondiale, il renoue avec les plaisirs de son enfance en collectant des contes avec la complicité bienveillante d'un instituteur de Saint Martin de Gurson, Jean Roller, Claude Seignolle a ainsi écrit deux recueils "Contes de Guyenne", devenus plus tard "Contes du Périgord". Puis, de ces contes, notre périgourdin a tiré des récits qui ont eu un énorme succès. Enfin, sont venus les romans, en particulier "La Malvenue", dont l'action se passe en Sologne où les hasards de la vie ont mené notre auteur à son retour de captivité.

Il a poursuivi sa passion pour les contes en publiant des recueils de contes populaires collectés dans toutes les provinces de France.

Septembre 2013

Lundi **2** *Septembre* — Ste INGRID

matin

après-midi

Mardi **3** *Septembre* — St GRÉGOIRE

matin

après-midi

Mercredi **4** *Septembre* — Ste ROSALIE

matin

après-midi

Jeudi **5** *Septembre* — Ste RAÏSSA

matin

après-midi

Vendredi **6** *Septembre* — St BERTRAND

matin

après-midi

Samedi **7** *Septembre* — Ste REINE

matin

après-midi

Dimanche **8** *Septembre* — Nativité N.-D.

matin

après-midi

Septembre 2013

Lundi **9** Septembre
St ALAIN

matin

après-midi

Mardi **10** Septembre
Ste INÈS

matin

après-midi

Mercredi **11** Septembre
St ADELPHE

matin

après-midi

Jeudi **12** Septembre
St APOLLINAIRE

matin

après-midi

Vendredi **13** Septembre
St AIMÉ

matin

après-midi

Samedi **14** Septembre
La Ste CROIX

matin

après-midi

Dimanche **15** Septembre
St ROLAND

matin

après-midi

L'histoire de neuf cochons et de neuf vérités

Petit conte des bord de la Dordogne

Il était une fois un homme et une femme. La femme dit à son mari :
- Mon homme, il va falloir penser à acheter deux cochons pour notre ménage. Nos provisions sont épuisées.

Le mari part aussitôt à la foire de la ville voisiné. Là, il achète deux cochons et, après avoir bu de nombreux verres de bon vin de Bourg-sur-Gironde, il reprend le chemin de son logis, avec ses deux compagnons. En route, il rencontra un marchand qui s'en allait vendre ses cochons au marché :

- Mon brave, s'écria l'étranger, si dans un an, vous savez me dire neuf vérités, je vous donnerai mes neuf cochons.

- Tope là, répond le mari. Vous aurez vos neuf vérités.

- Eh bien, prenez les cochons ; ils sont à vous. Au revoir.

- Au revoir, fit le mari, et merci.

Notre homme et son troupeau, tout guilleret, rentre chez lui.

- Femme, je t'apporte une bonne nouvelle, s'écria-t-il. J'ai fait une excellente affaire. Regarde !

Du doigt, il désignait la bande grouillante qu'il activait de la voix en criant :

- Pouricoun ! Pouricoun ! Pouricoun !

Quand il eut raconté son aventure, les deux époux ne perdirent point du temps. Les cochons furent tués: Ce fut une grande joie. On fit une belle fête.

suite page 89

Les petits trucs Beauté

Un masque anti-rougeurs pour les mains :

Ingrédients : une pomme de terre, de l'huile d'olive

Faites cuire une pomme de terre, écrasez-la puis ajoutez une cuillerée à soupe d'huile d'olive. Appliquez ce mélange sur vos mains, laissez poser 15 minutes puis rincez.

La recette de Grand-Mère

La bécasse à la Périgordine

Pour 4 personnes

1 bécasse
200 g de foie gras de canard
1 truffe de 30 g
1/2 verre de cognac
Sel • Poivre du moulin

Farcissez l'intérieur de la bécasse avec le foie gras et la truffe coupée en fines lamelles. Faites cuire dans la cocotte graissée à couvert 25 mn en mouillant le gibier régulièrement. Salez et poivrez. En fin de cuisson, arrose d'un 1/2 verre de cognac.

Les provisions abondèrent dans la maison : le confit, le jambon, les saucissons, les boudins, le salé, les saucisses, les grillons, les andouillettes, les rognons, les rates, les langues, les oreilles, les pieds, sans oublier les neuf queues. Regardant toutes ces belles choses, le mari s'écria en tapant sur son ventre :

- Il y a là de quoi manger pour bien des mois !

Cependant l'année s'écoula comme s'écoulent toutes choses en ce bas monde. L'échéance marquée approchait, c'est-à-dire l'époque où les neuf vérités devaient être communiquées. L'hiver était venu, et, devant le, feu de sarment, les deux époux réfléchissaient. Mais ils avaient beau rouler de gros yeux et se donner sur le front des coups violents, rien ne jaillissait de leur cerveau, dur comme la terre gelée.

- Mon Dieu, qu'allons-nous devenir ! disait le pauvre, homme.

Et la ménagère elle-même malgré la supériorité bien établie des femmes en fait d'expédients, ne trouvait rien à dire.

Tout à coup, ils entendirent frapper, à la porte : Pan ! Pan ! Pan !

suite page 90

Le saviez-vous ?

Le mauvais œil et le fer

En Dordogne, quand on trouve sur son chemin un prêtre, il faut se hâter de toucher un objet de fer, une clef, un couteau - une serrure - sinon il vous arrive malheur dans la journée.

Septembre 2013

Lundi 16 Septembre
Ste EDITH

matin

après-midi

Mardi 17 Septembre
St RENAUD

matin

après-midi

Mercredi 18 Septembre
Ste NADÈGE

matin

après-midi

Jeudi 19 Septembre
Ste ÉMILIE

matin

après-midi

Vendredi 20 Septembre
St DAVY

matin

après-midi

Samedi 21 Septembre
St MATTHIEU

matin

après-midi

Dimanche 22 Septembre
St MAURICE

matin

après-midi

Lundi **23** Septembre
AUTOMNE

matin

après-midi

Mardi **24** Septembre
St THÈCLE

matin

après-midi

Mercredi **25** Septembre
St HERMANN

matin

après-midi

Jeudi **26** Septembre
St CÔME, DAMIEN

matin

après-midi

Vendredi **27** Septembre
St VINCENT DE PAUL

matin

après-midi

Samedi **28** Septembre
St VENCESLAS

matin

après-midi

Dimanche **29** Septembre
St MICHEL

matin

après-midi

L'histoire de neuf cochons et de neuf vérités

Petit conte des bord de la Dordogne (suite)

- Qui est là, dirent-ils ?

- Un pauvre malheureux qui vous demande l'hospitalité pour une nuit.

- Entrez, entrez, pauvre homme. Venez vous chauffer avec nous et manger un peu d'andouillette et de petit salé.

Le mendiant entre, se chauffe, casse la croute, boit un petit coup, Puis réconforté regarde ses hôtes.

- Vous avez l'air préoccupé, mes amis? Quelle est donc la cause de vos ennuis ?

- Voici, dit le mari. Il y a un an de cela, un jour de foire j'ai, rencontré un marchand. Il m'a donné ses neuf cochons à condition qu'au bout de l'an je lui dise neuf vérités. Il va venir. Et nous, n'avons trouvé la moindre trace de vérité.

- N'est-ce que cela ? Soyez donc sans inquiétude. C'est moi qui vais répondre. Je les trouverai bien les neuf vérités.

A peine achevait-il ces mots, le marchand de cochons frappe à la porte : Pan ! Pan ! Pan !

- Bonsoir, dit-il. Je viens chercher mes Vérités.

- Les voici, répondit le mendiant. Ecoutez-moi bien.

- Le soleil éclaire plus que la lune.

- Une, fit le marchand.

- Deux bons yeux y voient bien mieux qu'un oeil.

- Deux.

suite page 91

Remède d'autrefois, déconseillé...

Furoncles (ardants clâs — cicale — furonculose)

S'abstenir de manger des pommes de saint jour de Noël ; — porter sur soi la peau dont la couleuvre se dépouille à la mue. — Cataplasme de fleurs de lys dans du lait chaud ; — d'oseille dans du beurre non salé ; — de bouchon de liège calciné dans du beurre. — Signer les furoncles, chaque matin, en disant : "Au revoir clou !" — et chaque matin, en disant : "Bonjour, clou !".

...pour les malades d'aujourd'hui !

- La fortune est préférable à la misère.

- Trois.

- Un poulet vaut mieux qu'un hareng.

- Quatre.

- Il vaut mieux rire que pleurer.

- Cinq.

- Une puce, c'est pour piquer.

- Six.

- Une allumette, c'est pour brûler.

- Sept.

- Le, lit est fait pour se coucher.

- Huit.

- Et Voici la neuvième. Retenez-la bien :

Celui qui a neuf cochons au ciel peut bien attendre à la Noël.

- Neuf. Tu es plus fort que moi, s'écria le marchand. Les cochons sont bien à toi.

Et soudain il s'enfuit en coup de vent, en laissant une odeur de roussi, car c'était le diable.

E cric, e crac,

Moun counte es acabat. ■

(Conté à Bordeaux en février 1912, par Mme Barres, à Sylvain Trébuc

Le saviez-vous ?

La grotte de la Vierge

A une lieue de Beaumont (Dordogne), existe un dolmen qu'on appelle la Grotte de la Vierge ; on raconte à son sujet la légende suivante : Un jour la terre trembla, les montagnes s'ébranlèrent, le village du Blanc crut s'abîmer au milieu des foudres et des éclairs ; une jeune fille de la contrée qui gardait les troupeaux, effrayée des convulsions de la nature, eut recours à la Vierge Marie et la supplia de l'arracher au péril. La tempête se déchaîna avec plus de force ; mais la Vierge descendue sur une nuée, commanda aux rochers de se dresser et de former un abri à la jeune fille tremblante. Les rochers dociles s'arrangèrent comme on les voit encore : la pâturelle fut sauvée.

Lundi 30 Septembre
St JÉRÔME

matin

après-midi

Notes

Conte d'Hier...

Le Petit Chaperon rouge (13-14)

Le petit Chaperon rouge tira la chevillette, la porte s'ouvrit. Le loup la voyant entrer se cacha sous la couverture et lui dit : Mets la galette et le pot de beurre sur la huche et vient te coucher avec moi.

Le petit Chaperon rouge se déshabille et se couche avec le loup, croyant que c'était sa bonne grand'mère.

(Suite page 100)

Chiens hurlants

Les chiens qui hurlaient autour des ruines de la tour Sarrasine des ruines du château de Roc-en- Adelle, en Périgord Noir. Rigomer, leude frank ripuaire, dans sa riche villa de Roc-en-Adelle, conférait, il y a bien longtemps de cela, avec Berthaire, l'intendant de ses vastes domaines. Karl, duc d'Austrasie, en lutte contre Eudes d'Aquitaine, lui en avait fait don avant de regagner les bords de la Loire. A prix d'or, Eudes venait de lui acheter son alliance contre celui qui avait été son généreux bienfaiteur : un coffre rempli de monnaies aux effigies de Dagobert et de Chilpéric, était ouvert devant eux. Rigomer y plongeait voluptueusement les mains, et, le ruissèlement des ses pièces donnaient à son visage une expression d'inquiétante et d'hideuse cupidité et ; son nez et ses doigts crochus accentuaient sa ressemblance avec quelques dangereux oiseaux de proies.

... Sa maison de bois ne lui paraissait offrir qu'une sécurité bien précaire pour cet inestimable trésor.

Il donnait des ordres pour qu'une tour de pierre conçue d'après les plans des Gallo-Romains s'éleva à la droite de la galerie ouvragée qui lui servait de trop fragile rempart. Ses « esclaves colons » et ses « esclaves » domestiques devraient y travailler sans répit, dirigés par le Goth Nizer, architecte de grand renom ; les ruines de l'aqueduc et des camps romains vers Saint-Rome donneraient les mœllons taillés dans le granit et les madriers imputrescibles nécessaires à cette solide construction.

Rapidement la tour s'éleva ; des archères étroites et des trous carrés percèrent seuls son énorme masse ; le couronnement conique qui la recouvrait était fait de pierres plates trouvées sur le sol aride des tristes collines qui, de toutes part, ondulaient et limitaient l'horizon ; des hourdels, robustement soutenus, surélevèrent ce toit qu'une échauguette en saillie exhaussait encore.

Trois salles s'y superposaient : au centre, celle qui s'ouvrait sur les appartements de « la villa », servait de lieu de réception ; elle communiquait par un escalier, barré de chaînes, avec la rotonde supérieure, à lui seul réservée, d'où il atteindrait le tour de ronde sous le toit et l'échauguette son observatoire.

Là, sous des tentures de peaux d'ours et de loups, trophées de ses chasses, une pierre pivotante, mue par un ressort puissant, fermait l'entrée de l'escalier dérobé qui plongeait tout au fond des soubassements de la tour, à l'endroit où elle se confondait avec le roc. Une salle étrange y avait été creusée : des niches profondes, percées dans la pierre étaient aménagées tout autour ; une longue table, bloc de granit respecté et taillé, en occupait le centre ; des anneaux rigides fixes aux parois serviraient de support aux torches qui éclaireraient cet antre destiné à recevoir et à garder, sans jamais le rendre, l'or, seule chose aimée par le leude Frank Rigobert.

Rien ne lui coûterait pour s'en procurer sans cesse et pour assouvir son infâme passion. Ne songeaitil pas à contraindre Ligonthe, veuve de Simplicius de Gourdon, gallois libre, à l'épouser et à lui remettre les monceaux de médailles celtes et de bijoux ciselés, inappréciable fortune qu'elle partageait avec sa fille la blonde et belle Bathilde.

A la tête de ses guerriers, sa « truste redoutée », armés de l'argon et du sabre, il força l'entrée du logis de pierre de Ligonthe et, brutalement, fort de la terreur qu'il inspirait, il lui offrit d'être son époux fidèle. La malheureuse femme ne put qu'accepter. Ses trésors prirent avec elle et sa fille, le chemin de la geôle qui les attendait.

Bijoux, médailles, pièces rares, disparurent dans les profondeurs de la tour et enchantèrent les nuits du cupide Franck. Chaque soir, les lourds verrous poussés, il pressait le déclic qui faisait viré le bloc de pierres, il le maintenait ouvert à l'aide d'un solide « renard », il rabattait les tentures de peaux de fauves, et il descendait les marches gluantes qu'une torche fumeuse et crépitante éclairait à peine ; il pénétrait dans le caveau, là il palpait son or, il comptait, il contemplait ses trésors maléfiques des quels sa pensée ne s'éloignait jamais ! ...

Un soir, un fugitif presque seul, dénuer de tout sonna de l'oliphant devant la porte de la « villa » du leude. A ses armes blasonnées, il reconnut Eudes d'Aquitaine. Il le reçut, et il apprit de lui que

Bordeaux brûlait, incendié par des bandes d'Arabes, païens venus d'au-delà les Pyrénées, commandés par Abdel Raman et par son fils Okbath, tous deux chefs redoutables.

Traqué et poursuivi, il se sauvait vers la Loire et demandait à son allié des hommes d'armes pour renforcer sa faible troupe. A son retour il payerait ce service avec générosité.

En gage, il lui confiait son sceau, sa bague, sa couronne de grande valeur.

suite page 96

Carnet de notes de Papounet le jardinier

Du jardin d'hier...

Dans la marmite

Oignons caramélisés

6 beaux oignons
6 cuillères d'huile d'olive • 2 cuillères de sucre poudre
6 cuillères de vinaigre balsamique
Sel fin et poivre du moulin

Éplucher les oignons et les couper en quartiers. Faire chauffer l'huile d'olive, ajouter les oignons et les faire dorer pendant 15 minutes. Ajouter le sucre et cuire encore 15 minutes à feu moyen, en remuant souvent. Verser le vinaigre, bien mélanger et cuire jusqu'à évaporation. Saler et poivrer. Un très bon accompagnement pour toutes les viandes blanches.

l'Oignon

Pour la culture de l'oignon, à la mi-mars, préparer le terrain de façon d'avoir un sol léger, fertile et riche en humus. Tracer les rangs espacés de 30 cm entre les lignes sur 2 cm de profondeur. Soit semer une graine tous les centimètres, soit planter avec le doigt des bulbes tous les 6/8 cm. Pour le semis, éclaicir en laissant 4 cm entre chaque plant puis quinze jours plus tard éclaircir de nouveau en laissant 8 cm. Le deuxième éclaircissage ne concerne pas les oignons blancs. En fin de culture, coucher le feuillage pour accélérer la maturation. Pour obtenir de plus gros oignons, il faut dégager la terre autour du légume en prenant soin de laisser les racines bien en terre environ 2 semaines avant la récolte.
On classe deux catégories, le blanc et le couleur. Le blanc hâtif de Paris, le plus connu et le plus résistant au froid, se plante en automne. Pour les oignons de couleur, le jaune paille des vertus, gros, plat et productif ; Flinstone, rond et jaune ; le rouge de Florence, doux et sucré. Bien d'autres variétés existent encore dans les jardineries.

Voilà un aliment qui devrait etre indispensable à notre nutrition et là où passe l'oignon, les rhumatismes trépassent.

Le Raisin

La vigne fait partie de la famille des *Vitaceae* et du genre *Vitis*. La vigne est une liane à feuilles caduques qui peut atteindre une vingtaine de mètres. Elle se prête à tous les supports (mur, pergola, arbre mort...), s'attachant solidement à son support grâce à ses vrilles. Les variétés de vigne sont appelées des cépages. Il en existe des milliers, chacun d'eux se distinguant par la forme de la grappe et sa taille, le goût et la couleur des grains. Les cépages de table largement cultivés appartiennent tous à l'espèce Vitis *vinifera*. Cette plante sarmenteuse vivace produit des baies juteuses et comestibles.

Un bon outil :

Le sécateur

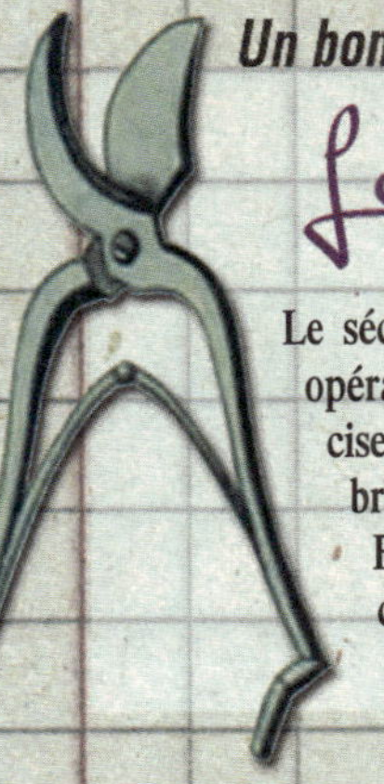

Le sécateur est un outil utilisé pour les opérations de taille. C'est une sorte de ciseau robuste qui sert à couper de petites branches. Il fut inventé par Antoine François Bertrand de Molleville, ancien ministre de Louis XVI, exilé par la Révolution.

Extrait du *Potager à l'assiette* de Jean-Marc Gourbillon, aux éditions CPE

Photographies d'hier

Octobre

" Si on bâtissait la maison du bonheur, la plus grande pièce en serait la salle d'attente"

Jules Renard

Balance

Du 24 septembre au 22 octobre

Scorpion

Du 23 octobre au 22 novembre

Balade dans les rues de Saint-Pardoux-la-Rivière

Proverbe

Le vent, la pluie
et les parents
Après trois jours
sont ennuyants.

2013

La Douche écossaise

Octobre c'est la douche écossaise : il bat le chaud et le froid sans respecter l'ordre alphabétique, ni aucun autre ordre d'ailleurs. C'est le random absolu. Octobre devrait être une femme. Chaque matin est tiré au sort, encore ne faut-il pas trop se fier à la couleur annoncée, car l'heure propice peut passer sans crier gare. Il est fait sur mesure pour les enfants, qui vivent dans l'imprévisible, font trop confiance à leurs désirs et ne regardent pas la course réelle du soleil dans le ciel. Il est fait sur mesure pour l'école, où les leçons se suivent et ne se ressemblent pas. Pour les adolescents aussi, des adolescents pour qui l'amour a tous les jours une face nouvelle et, bien sûr, totalement imprévisible. Bref, octobre est un mois qui vit au jour le jour.

Châtaignes

La châtaigne arrive à la Toussaint dans son blouson de cuir marron, à l'abri du froid. Elle vient de la forêt, de la montagne, et elle tombe avec un bruit sourd entre les champignons, égrenée en silence par l'arbre. Ma dure adolescence la cherchait en des endroits secrets, et les belles soirées d'automne elle réunissait la famille joyeuse autour du feu, de la poêle percée et du vin nouveau, dessert et fête. C'était la récompense des voisins qui avaient écalé le maïs avec nous dans le vestibule. Quand je ferme la main du souvenir, je la sens, brûlée, attendrie et toute chaude, à traves la parenthèse des ans. Elle était bonne comme notre jeunesse. Aujourd'hui je l'achète chez l'épicier, et je la mange solitaire, et je lui trouve toute sorte de défauts. Car je ne l'ai pas méritée, et de l'ancienne compagnie il ne reste presque plus personne.

P.V

Octobre 2013

Notes

Mardi **1er** Octobre
Ste THÉRÈSE DE L'E.

matin

après-midi

Mercredi **2** Octobre
St LÉGER

matin

après-midi

Jeudi **3** Octobre
St GÉRARD

matin

après-midi

Vendredi **4** Octobre
St FRANÇOIS D'A.

matin

après-midi

Samedi **5** Octobre
Ste FLEUR

matin

après-midi

Dimanche **6** Octobre
St BRUNO

matin

après-midi

Chiens hurlants (suite)

Les Sarrazins allaient donc passer à Roc-en-Adelle … Au sommet de la tour, Rigobert et Berthaire se relayaient et scrutaient les chemins vers l'Occident par où ils arriveraient. Dés qu'ils apparurent, l'intendant partit en émissaire au devant de leurs grands chefs. Au nom de son maître ; il leur offrit des vivres, des armes pour leurs hommes, des gîtes pour les chevaux et, pour eux, ils s'engageraient à faire respectés les domaines et les colons du leude.

Abdel Raman accepta. Ce lieu sauvage, isolé et, environné de collines abruptes, convenait parfaitement pour la halte qui s'imposait. Installés en cet endroit, ils y rallieraient leurs troupes, elles s'y reposeraient avant de pousser plus au nord leurs dévastations et leur pillage.

Quel intérêt puissant faisait agir ainsi le noble Frank. Quelle turpitude nouvelle avait éclos dans son cupide cerveau ? Seuls, Berthaire et lui savaient…

Des repas fabuleux furent servis dans la grande salle de la tour. L'hydromel et le vin ruisselèrent dans les hanaps ; Ligonthe et Bathilde tirées de leur solitude y prenaient y prenaient part.

Somptueusement vêtues de la tunique franque lamée d'or, ceintes du galon précieux qui soutenait la riche aumônière, étincelantes des feux des bijoux qui encerclaient leurs apparaissaient bras blancs, leurs oreilles, leur front, leur cou, leurs longues nattes blondes, elles à ces hommes au teint olivâtre, comme des idoles inaccessibles, mais avidement convoitées. Okbath, faisait toujours face à Bathilde et, les regards de feu dont il la couvrait, l'épouvantaient et faisaient naître en elle de terribles appréhensions ! Du sordide époux de sa mère elle redoutait tout. Ne savait-elle pas que pour de l'or il avait vendu son âme au diable !... Quel évènement monstrueux préparait ce faste inusité ? En serait-elle la triste victime ?...A u jour du départ, le jeune chef Sarrazin resta longtemps enfermé avec

Rigobert dans la salle où nul ne pénétrait avec lui. Quel marché s'y conclut entre ses deux hommes ?

De son sceau de fer, en forme de croissant, l'Arabe scella un parchemin sur lequel il avait, avec de leur sang mêlé, tracé des mots et des signes. Il l'enferma dans un étui de cuir de Cordoue et il le cacha dans son pourpoint de peau.

suite page 97

Les petits trucs Beauté

Pour des mains toutes douces :

Pour les protéger il vous faut de l'huile d'amande douce enrichie en huile de noisette. Massez les mains avec l'huile puis, mettez des gants de coton et les laisser toute la nuit.

La recette de Grand-Mère

Les daudines

12 tranches de pain rassis • 1/2 l de lait
3 œufs • 100 g de beurre • 100 g sucre en poudre

Pour 4 personnes

Coupez le pain rassis en tranches épaisses. Trempez dans le lait puis dans l'œuf battu, laissez imbiber. Faites dorer à la poêle beurrée sur chaque face. Saupoudez de sucre. Servez chaud.

En paiement de l'acte consent, par l'infâme leude, des caisses blindées, remplies de trésors volés dans les Gaules, furent portés dans la tour et descendus, par lui, dans la salle souterraine où il les enfouit. Les Arabes reposés continuèrent l'invasion des pays situés dans le Nord de l'Aquitaine. Karl prévenu par Eudes les attendait dans les plaines de Poitiers. La lutte fut longue et sans merci : Abdel

Raman vaincu se fit tuer pour ne pas survivre à sa honte ; Okbath rallia une partie des troupes en déroute et, avec elles, il s'enfuit vers Gourdon et Roc-en-Adelle. Là, il remit à Rigobert le parchemin signé de leur sang… Au matin, le chef arabe et ses hommes avaient disparu, emmenant avec eux la blonde et belle Bathilde que, pour de l'or impur, un dignitaire frank avait honteusement vendue à l'ennemi de sa race, de ses clans et de ses dieux.

Combien de fois en cette nuit maudite descendit-il dans la salle du roc pour y vider des caisses encore pleines de trésors arabes et amonceler dans les niches ces immenses richesses ? Combien de torches grésillèrent –elles sur son passage ? Pourquoi le bloc de pierre brisa-t-il la barre de fer rigide qui le gardait ouvert ? Pourquoi, s'encastra-t-il dans son alvéole emprisonnant sans recours possible, dans ce cachot obscur, ignoré de tous, au milieu des trésors entassés par lui, ce leude coupable du plus lâche des crimes ?

suite page 98

Le saviez-vous ?

Le Festival du Film de Sarlat

Le cinéma tient une place à part dans la vie culturelle du sarladais. Le festival du film se déroule chaque année au mois de novembre dans la capitale du Périgord Noir. Il réunit de nombreux comédiens et stars du grand écran, réalisateurs, producteurs et techniciens du métier pour encadrer plus de 800 jeunes lycéens des classes de Terminale "option cinéma" de France et de l'étranger.

Octobre 2013

Lundi 7 Octobre — St SERGE

matin

après-midi

Mardi 8 Octobre — Ste PÉLAGIE

matin

après-midi

Mercredi 9 Octobre — St DENIS

matin

après-midi

Jeudi 10 Octobre — St GHISLAIN

matin

après-midi

Vendredi 11 Octobre — St FIRMIN

matin

après-midi

Samedi 12 Octobre — St WILFRIED

matin

après-midi

Dimanche 13 Octobre — St GÉRAUD

matin

après-midi

Octobre 2013

Lundi **14** Octobre
St JUSTE

matin

après-midi

Mardi **15** Octobre
Ste THÉRÈSE D'AVILA

matin

après-midi

Mercredi **16** Octobre
Ste EDWIGE

matin

après-midi

Jeudi **17** Octobre
St BAUDOIN

matin

après-midi

Vendredi **18** Octobre
St LUC

matin

après-midi

Samedi **19** Octobre
St RENÉ

matin

après-midi

Dimanche **20** Octobre
Ste ADELINE

matin

après-midi

Chiens hurlants (suite)

Les chiens dans les cours et les clos, les bandes de corbeaux dans les airs, hurlèrent et croassèrent à la mort ; les hommes d'armes et les gens en frémirent de terreur ; la troisième nuit, tout se tut ; les veilleurs sur la galerie, furent saisis à la gorge par une odeur âcre, étouffante ; une fumée bleue et jaune de soufre qui brûle descendit des hourdels du toit qui, soudain, fut projeté dans le vide. Ceux qui osèrent lever la tête, aperçurent alors le diable cornu, aux pieds fourchus, emportant dans ses mains noueuses, l'âme noire du rapace maître de Roc-en-Adelle.

Plus tard, un château féodal remplaça la « villa » de bois ; un toit fut replacé sur la tour décoiffée ; le passage secret et la salle du roc furent découverts : un squelette y était appuyé sur la table de pierre ; des monceaux d'or et de médailles arabes s'étendaient devant lui et autour de lui, les os crochus, qui avaient été des doigts, les touchaient encore, et les orbites vides semblaient les contempler horriblement… La tour prit le nom de Tour Sarrazine. Une malédiction sembla peser sur ce château : il fut incendié par le Normands, démoli par les Pastourraux, Montluc et Des Adrets s'y battirent ; seule la haute tour sarrazine résista aux attaques des hommes et du temps.

Fuyez-là, évitez ce lieu maudit où rien ne charme. Cependant, si vous allez de Gourdon à Veyrignac, vous passerez sous son ombre. Ayez alors une pensée pour la jeune Gauloise vendue à un arabe et dont « onques »n'ouït jamais parler…

Si votre passage coïncide avec les derniers jours d'octobre, vous entendrez des hurlements lugubres retentir de tous côtés ; vous en demanderez la cause, on vous dira : « Ce sont les chiens du pays qui hurlent après l'âme du Franc Rigobert ; tous les ans, à cette époque, elle échappe au Diable et vient errer dans les murs de cette vieille tour ; elle y cherche l'or qu'il avait enfoui jadis au temps où les

Arabes séjournèrent dans notre pays. Cela dure trois jours, puis ils se taisent car elle a regagné les

Enfers où, éternellement, elle expiera l'horrible crime commis dans ces lieux en l'an 732. ■

M.L. DU PEYROU

Les petits trucs Beauté

Contre les mains gercées :

Dans un grand bol, mêlez un jaune d'oeuf, 1 c. à thé (5 ml) d'huile d'olive, 1 c. à soupe (15 ml) de lanoline et le jus d'un demi-citron.
Avant de vous mettre au lit, enduisez vos mains de cette préparation, puis enfilez une vieille paire de gants jusqu'au matin.

La recette de Grand-Mère

Les fettuccines au foie gras frais

Pour 4 personnes

160 g de fettuccines
400 g de foie gras frais
1 petite truffe
20 g de beurre
Farine
Sel • Poivre

Coupez le foie en escalopes que vous farinez très légèrement.
Faites cuire les pâtes à l'eau bouillante salée.
Pendant ce temps, faites chauffer une poêle et lorsqu'elle est bien chaude faites sauter rapidement les escalopes en baissant légèrement le feu.
Salez et poivrez.
Retirez les escalopes et posez-les sur du papier absorbant.
Égouttez les pâtes, ajoutez le beurre et le jus de truffe.
Salez, poivrez et mélangez.
Dressez les pâtes sur des assiettes chaudes, disposez dessus les escalopes de foie et servez aussitôt.

Le saviez-vous ?

La tour de Vésone

Monument du premier siècle le plus emblématique du « premier Périgueux », la tour de Vésone évoque le climat de la naissance de la Vesunna la ville gallo-romaine. Bien que réalisée aux temps de la conquête de la Gaule par César, elle fut le cadre de relations très tôt apaisées entre l'envahisseur et les tribus locales des Pétrucores qui entretenaient depuis longtemps avec leurs nouveaux maîtres d'importantes relations commerciales. Au coeur même du temple romain dédié à la déesse tutélaire, la tour, qui en représente la partie la plus sacrée, s'ouvre par le caractère circulaire de son dessin aux pratiques cultuelles des Celtes. La légende veut que ce soit Saint Front lui-même, apôtre du Périgord qui, le frappant de son bâton, ait créé la brèche de la tour.

Octobre 2013

Lundi 21 Octobre
Ste CÉLINE

matin

après-midi

Mardi 22 Octobre
Ste ÉLODIE

matin

après-midi

Mercredi 23 Octobre
St JEAN DE C.

matin

après-midi

Jeudi 24 Octobre
St FLORENTIN

matin

après-midi

Vendredi 25 Octobre
St CRÉPIN

matin

après-midi

Samedi 26 Octobre
St DIMITRI

matin

après-midi

Dimanche 27 Octobre
Ste ÉMELINE

matin

après-midi

Octobre 2013

Lundi 28 Octobre
St SIMON, JUDE

matin

après-midi

Mardi 29 Octobre
St NARCISSE

matin

après-midi

Mercredi 30 Octobre
St BIENVENUE

matin

après-midi

Jeudi 31 Octobre
St QUENTIN

matin

après-midi

Conte d'Hier...

Le Petit Chaperon rouge (15)

Le petit Chaperon rouge, qaund il fut dans le lit fut bien étonné de voir que sa grand'mère, quand elle était déshabillée avait la peau plus rude qu'un brosse.

(Suite page 106)

Couleurs Périgord : canoë, escalade, spéléologie

"Couleurs Périgord" est une base de multi-activités installée à dix minutes de Sarlat. Faire découvrir à qui veut les richesses du Périgord, tel est le but de cette organisation: admirer les paysages, suivre le cours des rivières, explorer les nombreuses grottes en famille, tout seul, en groupe, en entreprise, avec l'école... Les possibilités sont multiples.

Le canoë-kayak

C'est à la base de canoë-kayak qu'ont lieu tous les départs de randonnées, que celles-ci s'effectuent à pied ou en canoë, à l'horizontale ou à la verticale.

Sur les pentes du Puy de Sancy, dans les Monts Dore, naissent deux petites rivières, la Dore et la Dogne, qui se rejoignent pour former la Dordogne.

C'est sur cette rivière que les responsables de "Couleurs Périgord" ont voulu permettre aux touristes ou aux résidents dordognais à bord de canoës-kayaks que, bien sûr, ils accompagnent. Et c'est ainsi que les voyageurs aquatiques pourront admirer non seulement les splendides paysages, mais aussi les merveilles architecturales du parcours.

Un parking gratuit est à la disposition des visiteurs. Tout le matériel nécessaire leur est alors confié : canoës, pagaies, gilets, bidons étanches et guide de la rivière. En minibus d'abord, ils sont conduits vers le lieu d'embarquement qu'ils ont eux-mêmes choisi.

suite page 101

Remède d'autrefois, déconseillé...

Goutte sciatique

Invoquer Saint Gervais ; — cataplasme de bouse de vache réchauffée sur la cendre ; — aux racines de renoncules râpées, avec du beurre frais. — Comme baume : de la poix brune, de l'urine et des baies de genèvrier.

...pour les malades d'aujourd'hui !

La location est possible pour toute la journée ou simplement pour une demi-journée. Mais il existe aussi des randonnées de deux à six jours.

Quelques conseils de "Couleurs Périgord" :

Par rapport à la sécurité, porter le gilet fourni, porter des chaussures fermées, savoir nager au moins 25 mètres, raison pour laquelle les enfants de moins de six ans ne sont pas admis, naviguer au milieu de la rivière. En cas de chavirage, flotter sur le dos, pieds en avant sans chercher à prendre pied au milieu du courant, puis nager vers la rive dès que possible.

Pour un confort minimal, prévoir des vêtements adaptés au temps, choisir un parcours adapté aux capacités de chacun, emporter de l'eau, de la crème solaire et éventuellement de quoi se rassasier.

En ce qui concerne l'environnement, respecter les riverains et les populations locales, ainsi que les autres utilisateurs, comme les pêcheurs, ne pas laisser de traces de son passage (papiers, plastiques, boîtes de conserve...).

Comment naviguer en canoë :

Mettre une main sur l'olive, le pouce engagé par en-dessous, l'autre main sur la pale. Etre synchrone, chacun d'un côté, en inversant les côtés de temps en temps. Regarder loin devant et surveiller le dérapage de l'arrière du bateau en pagayant loin derrière. Les difficultés doivent se résoudre ensemble, avec des coups de pagaie complémentaires.

L'escalade

Les falaises qui surplombent la rivière Dordo-gne sont nombreuses. Certains professionnels n'ont pas résisté au plaisir de les escalader. Et comment n'auraient-ils pas proposé à d'autres de les imiter ? Ainsi, " Couleurs Périgord" organise aussi des escalades accompagnées de falaises. Outre, comme en canoë, le fait de découvrir les paysages d'une autre façon, c'est aussi l'occasion de partager des émotions et de dominer ses appréhensions.

Ce sont des moniteurs diplômés d'Etat qui accompagnent les escaladeurs d'un jour et leur font partager leurs connaissances dans la plus grande sécurité. Là encore, le matériel est fourni par "Couleurs Périgord", un matériel, bien sûr, conforme aux normes en vigueur.

Pour ceux qui n'ont jamais pratiqué l'escalade :

Sur des rochers faciles, même les enfants pourront s'exercer à l'escalade. Les accompagnateurs leur apprendront, comme aux adultes, l'essentiel de la technique, l'utilisation des cordes, des noeuds et des mousquetons.

Pour ceux qui ont déjà pratiqué l'escalade :

L'équipe de "Couleurs Périgord" propose d'affiner leur gestuelle, de compléter leurs acquisitions et de leur permettre une autonomie plus grande: escalade en tête, assurance et relais sont au programme.

suite page 102

Métier d'autrefois

Le vin a une âme, le vin a un aspect, le vin a une personnalité. Et lorsque l'on sait qu'il peut aussi avoir de la jambe, du corps et même une belle robe, on se dit que s'il est marqué par le terroir où il s'enracine, il est modelé à l'image du vigneron, ou de la vigneronne, qu'il l'élève avec soins.

Couleurs Périgord : canoë, escalade, spéléologie (suite)

La spéléologie

Il était tout naturel au "Pays de l'Homme" d'entreprendre la découverte de ces grottes multiséculaires, témoins de l'histoire du Périgord.

Ce sont des paysages évidemment bien différents que les visiteurs auront le plaisir d'admirer au cours de leurs randonnées souterraines, paysages qu'accompagnent une flore, une faune et un climat bien particuliers.

Les grottes sont aussi un grand terrain de jeu et d'aventure pour les plus sportifs. Là encore, tout le matériel est fourni par des moniteurs diplômés d'Etat.

Pour ceux qui n'ont jamais fait de spéléologie :

Il est possible de découvrir seul ou en groupe l'activité spéléologique par une sortie d'initiation d'une demi-journée dans des cavités horizontales d'accès facile permettant de se familiariser avec les stalactites et les stalagmites.

Pour les autres :

Ce sont des sorties plus sportives qui sont proposées, de 4 à 6 heures, dans des cavités horizontales agrémentées de passages sur cordes.

Dans tous les cas, il est recommandé de se couvrir chaudement, avec des vêtements amples et de prévoir des chaussures ne craignant pas la boue. Il est aussi conseillé de se munir d'eau et de quelques victuailles. ■

Christian Pénicaud

114 - Coins du Périgord — AUX EYZIES - - L'Eglise fortifiée de Tayac, XIe siècle

Carnet de notes de Papounet le jardinier

Du jardin d'hier...

Dans la marmite

Pâtisson à la menthe

2 beaux pâtissons
50 g de beurre frais • 15 cl de crème fraîche
1 tomate • 4 feuilles de menthe fraîche
Sel, poivre du moulin

Couper les pâtissons en quartiers, les éplucher, retirer les graines puis couper la chair en bâtonnets de 5 mm de côté environ. Etuver au beurre plusieurs minutes. Egoutter la préparation si nécessaire avant d'ajouter la crème fraîche et l'assaisonnement. Cuire 10 minutes environ à feu doux, puis ajouter la menthe ciselée avec la tomate coupée en petits dés. Laisser mijoter quelques minutes avant de servir en accompagnement d'un poisson cuit en papillote.

Le Patisson

En début de saison, semer 2 graines dans des pots à l'abri. Après la levée, ne garder qu'un pied par pot. Quand les plants ont 4 feuilles, les mettre en place dans un sol léger et bien ensoleillé. Pour cela, faire des trous et les remplir de terreau espacés de 1 m. Un paillage permet de garder une terre fraîche, attention de ne jamais mouiller les feuilles pour éviter les maladies. En pleine saison, semer directement en place en enfonçant 3 graines à 2 cm de profondeur espacé d'un mètre. Ne garder qu'un pied. Semer tous les 20 jours de façon à toujours en récolter sans avoir ni d'excès ni de manque..

Le patisson contient plusieurs vitamines et minéraux. Il fait partie des légumes frais qui renferment le plus de calcium.

Le Coing

Le cognassier doit être planté dans un endroit bien exposé au soleil. Il doit également être abrité des vents et des gelées tardives et ne pas être planté au-dessus de 1000 m d'altitude. On l'utilise souvent comme porte-greffe du pommier et du poirier. Le cognassier s'adapte bien en climat océanique et semi-océanique mais demande une chaude arrière-saison pour permettre aux fruits de mûrir correctement. Il faut donc patienter le plus tard possible pour les récolter. Quand les fruits commencent à tomber, le coing est mûr. Le cognassier craint surtout la moniliose, la tavelure et les pucerons. Pulvériser de la bouillie bordelaise tous les 15 jours et une macération d'orties.

Un bon outil :

La houe

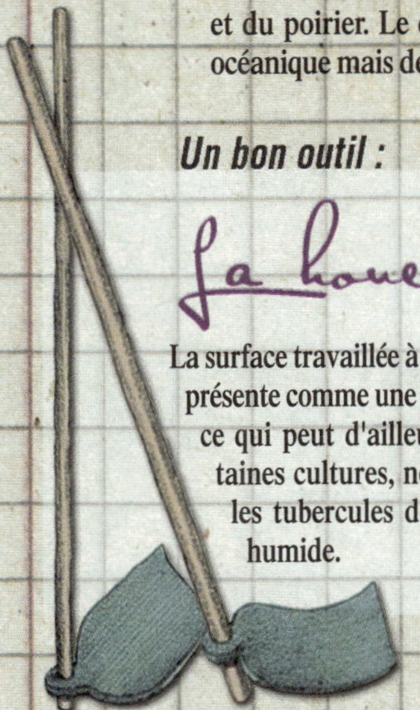

La surface travaillée à l'aide de cet outil se présente comme une succession de trous, ce qui peut d'ailleurs convenir à certaines cultures, notamment le mil et les tubercules de la zone tropicale humide.

Extrait du *Potager à l'assiette* de Jean-Marc Gourbillon, aux éditions CPE

SAINT-ORSE (Dordogne). — Place de l'Eglise. — Vieilles Maisons.

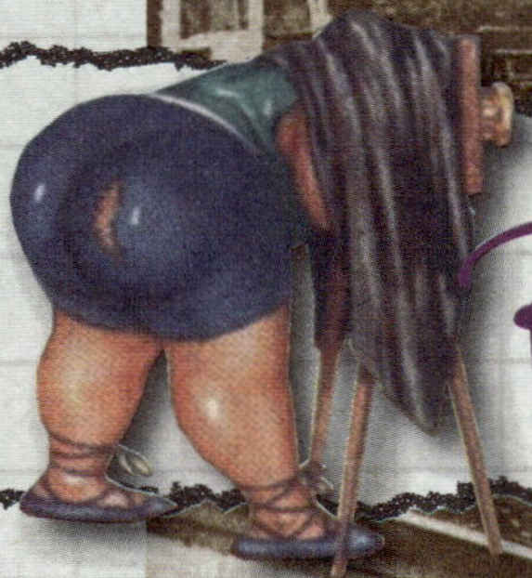

Photographies d'hier

20. TERRASSON (Dordogne) – Place de la Halle

Novembre

" Il y a deux choses d'infini au monde :
l'univers et la bêtise humaine....
mais pour l'univers j'en suis pas très sûr."

Albert Einstein

Scorpion

Du 23 octobre
au 22 novembre

Sagittaire

Du 23 novembre
au 21 décembre

Balade dans les rues
de Villefranche du Périgord

Proverbe

Mort trop désirée :
Vie de longue durée.

2013

Retour du froid

Dès que l'été a le dos tourné, ce qui se produit dès octobre, on s'aperçoit que le froid n'était pas parti bien loin. On l'aurait cru définitivement liquidé, les après-midi de juillet et d'août, brûlantes jusqu'au soir, étouffantes même la nuit. On l'aurait cru vaincu, enfui vers le pôle ou vers les contes de Noël, et il n'en était rien : il est resté tapi dans quelque cavité souterraine, se tenant modestement à l'écart. Oh, au début, il est discret, ne se fait pas remarquer, ne montre le bout de son nez que les matins humides des derniers jours de vendanges, juste pour qu'on apprécie une petite laine. Mais petit à petit il prend du poil de la bête, et il va se mettre à tout commander. Dès la Toussaint il aura mis le grappin sur tout le monde, sur tout novembre, sur ce qui reste de calendrier. Le temps idéal pour la plantation des arbres et arbustes.

Toussaint

Les cimetières de la Toussaint sont endimanchés de chrysanthèmes. Les familles ont passé quelques heures à arracher les mauvaises herbes qui étouffent les tombes le long des autres mois et les dalles ont été lavées à grande eau, dépoussiérées des souvenirs impurs et des rancœurs. L'espace d'un jour on est entré dans la quatrième dimension, on a pris la machine à remonter la vie et, sous la main, la tombe est chaude de l'amour qu'on n'a pas su donner en temps voulu. Arrachés à nos tâches et à notre consommation, nous tournons un œil vers la transcendance, surpris qu'elle soit encore là. Et nous nous rendons compte, avec une douce frayeur, que les ans ont semé déjà à tous les vents des cimetières des morceaux de nous-mêmes. Memento homo....

P.V

Conte d'Hier...

Le Petit Chaperon rouge (16)

Le petit Chaperon rouge dit au loup : grand'mère que vous avez de grands bras. — C'est pour mieux t'embrasser ma fille, répondait le loup. (Suite page 116)

Traditions et coutumes du Périgord

Mariage

Dans certaines contrées du Périgord, à la campagne, lorsque les nouveaux mariés rentrent à la maison, en revenant de la messe, la mère, pu une proche parente de la nouvelle épouse, se tient sur la porte avec un linge blanc sur le bras et une assiettée de soupe fraîchement trempée : deux cuillers sont placées dans l'assiette. Les deux époux goûtent la soupe avant de franchir le seuil. Ceux qui se marient au mois de mai sont malheureux : il en est de même s'il pleut le matin du mariage. Nourrices. Dans le Nontronnais, à Saint-Pardoux-la-Rivière, les nourrices vont déposer sur l'autel de la Vierge un fromage fait de leur propre lait. A Busserolles, on se contente de déposer une fiole de lait au bout d'un ruban blanc et un morceau de pain. Le bétail et la mort. Lorsque le maître ou la maîtresse de la maison viennent à mourir, on ne mène pas les bestiaux au pâturage; mais au moment où le mort quitte la maison, on met toutes les bêtes dehors, boeufs, moutons, porcs, ânes, volailles. Enfants malades. Lorsqu'un enfant est. malade, on dit qu'il a le mal d'un saint, c'est-à-dire qu'un saint lui a donné ce mal. Il faut découvrir quel est ce saint, afin d'aller l'invoquer dans l'église qui l'honore. A cette fin, on va trouver la tireuse de cartes, c'est-à-dire la sorcière du village. La sorcière verse dé l'eau dans un plat, prend un charbon qu'elle met sur l'eau et commence à réciter une litanie de saints. Le saint dont elle prononce le nom au moment où le charbon s'enfonce, est celui qui a donné le mal. On se rend alors à l'église où ce saint est honoré ; on entend la messe si possible : en tout cas on se fait lire l'Evangile, tenant à la main un cierge allumé. Cela coûte un sou. Ensuite, on va à là fontaine, on se met à genoux, on prie, on boit et on dépose quelque chose : une brassière, un béguin, un sou, tout au moins une épingle. Personne ne touche aux objets déposés : celui qui emporterait quoi que ce soit emporterait en même temps la maladie et en serait atteint sur l'heure. Le bain de Saint-Martial et la sécheresse. A Augignac, à six kilomètres de Nontron, il y a une fontaine dans laquelle il faut plonger le patron du lieu, en temps de sécheresse pour obtenir la pluie. Le patron est saint Martial.

suite page 107

Novembre 2013

Notes

Vendredi 1er Novembre
TOUSSAINT

matin

après-midi

Samedi 2 Novembre
Défunts

matin

après-midi

Dimanche 3 Novembre
St HUBERT

matin

après-midi

Les petits trucs Beauté

La brillances des cheveux bruns :

Faites bouillir 15 noix entières dans 30 cl d'eau minérale. Laissez refroidir avant usage. Utilisez cette préparation en eau de rinçage.

La recette de Grand-Mère

La confiture de noix vertes

Préparation : 45 mn à 1 h (selon la quantité)
Cuisson : 45 mn

Epluchez les noix vertes très finement. Piquez ensuite tout le fruit avec une grosse aiguille à repriser et mettez les noix à tremper pendant une semaine dans de l'eau fraîche renouvelée tous les jours. Faites alors bouillir les noix pendant 10 minutes dans de l'eau légèrement vinaigrée et égouttez-les. Préparez un sirop très épais avec 3,5 kg de sucre et 1 l et demi d'eau, pour 5 kilos de noix. Jetez-y ces dernières entières ou coupées en rondelles et laissez bouillir 45 minutes. Mettez en pots et couvrez aussitôt.

On s'y rend en procession et on plonge la statue du saint aux quatre coins de la fontaine. Il pleut habituellement avant que la procession soit rentrée à l'Eglise ou peu après : et coabêourbien (et la terre est bien abreuvée). Si l'on ne plongeait le saint dans l'eau qu'une seule fois, il pleuvrait, mais peu. Moyen de se débarrasser de la fièvre. Lorsqu'on est atteint de la fièvre intermittente, on prend un oeuf et on va le déposer à l'endroit où deux chemins se croisent et forment quatre chemins (aous quatre chemins). Le premier qui passe et prend l'oeuf, délivre de la fièvre. L'eau bénite et le sacristain. Dans une paroisse nommée la Tour blanche, le sacristain, les jours qui suivent le samedi-saint, va de maison en maison, portant la provision d'eau bénite. On lui donne du vin en échange. ■

P. BOUSCAILLON (Début du XXème siècle)

Le saviez-vous ?

Le troubadour Arnaut DANIEL

Certain le présentent comme le créateur de la poésie provençale, il est né chez nous, au château de Ribérac au milieu du XIIe siècle. Adopté à la cour du roi Alphonse IX, ce globe-trotter connut la misère, la richesse avant de revêtir l'habit de moine. Il fut salué par Dante et Petrarque, mais c'est à Aragon qu'il doit sa postérité ; dans un texte écrit en 1941 et intitulé "La leçon de Ribérac ou l'Europe française", le poète nous a permis de redécouvrir les œuvres de ce héros médiéval. Aragon a exalté « l'obligation de se révolter » qui existait dans la pensée de DANIEL.

Novembre 2013

Lundi 4 Novembre
St CHARLES

matin

après-midi

Mardi 5 Novembre
Ste SYLVIE

matin

après-midi

Mercredi 6 Novembre
Ste BERTILLE

matin

après-midi

Jeudi 7 Novembre
Ste CARINE

matin

après-midi

Vendredi 8 Novembre
St GEOFFROY

matin

après-midi

Samedi 9 Novembre
St THÉODORE

matin

après-midi

Dimanche 10 Novembre
St LÉON

matin

après-midi

Novembre 2013

Lundi **11** Novembre
ARMISTICE 1918

matin

après-midi

Mardi **12** Novembre
St CHRISTIAN

matin

après-midi

Mercredi **13** Novembre
St BRICE

matin

après-midi

Jeudi **14** Novembre
St SIDOINE

matin

après-midi

Vendredi **15** Novembre
St ALBERT

matin

après-midi

Samedi **16** Novembre
Ste MARGUERITE

matin

après-midi

Dimanche **17** Novembre
Ste ELISABETH

matin

après-midi

La légende de la Truffe

Notre histoire se passe en Périgord . Une pauvre vieille femme, mourant de fatigue et de faim, s'arrêta un jour devant la cabane d'un bûcheron ; celui-ci l'accueillit charitablement et lui donna une belle pomme de terre qui finissait de cuire sous la cendre.

C'était là tout le souper de ce bûcheron, plus pauvre encore que celui de La Fontaine. Tout à coup, un éclair illumina la cabane, et la vieille mendiante se trouva changée en une belle dame toute couverte de pierreries." Je suis, dit-elle au bûcheron, la fée du Périgord ; tu as été touché par ma misère, sois-en récompensé.

Et elle frappa de sa baguette d'or la pomme de terre qui devint aussitôt noire comme l'ébène et parfumée comme la rose.

Va, continua la fée, cours à ton jardin, tu le trouveras plein de ces pommes précieuses dont personne ne connaîtra jamais la graine ; c'est un trésor que je te donne.

Elle dit et s'envola par la cheminée sous la forme d'une étincelle. Le bûcheron courut au jardin, fouilla la terre et resta émerveillé ; partout les pommes de la fée venaient s'épanouir en bouquets odorants, au milieu des violettes et des marguerites. Il choisit les plus belles et les porta au curé du village qui, charmé de leur goût autant que de leur parfum, en expédia une corbeille à un chanoine de Périgueux, son protecteur ; celui-ci trouva ces pommes noires si délicates qu'il en offrit à son évêque, qui, à son tour, en envoya au Pape. Au bout de fort peu de temps, la pomme de la fée fit la fortune du bûcheron. Il mourut en laissant à ses enfants d'immenses richesses ; mais ceux-ci ne regrettèrent pas leur père, parce qu'il avait été bûcheron et qu'ils en rougissaient ; ils firent bâtir de beaux châteaux, ne sortirent plus qu'en carrosses, et devinrent si violents, si cruels, qu'une pauvre vieille femme leur ayant un jour demandé la charité, ils la firent battre par leurs valets.

Mais comme la vieille était la fée, leur bienfaitrice, les pommes précieuses s'enfuirent du petit jardin, malgré le mur qui l'entourait, et se dispersèrent dans tout le Périgord.

suite page 109

Les petits trucs Beauté

Pour éviter les crevasses aux mains :

Voici une préparation qui vous aidera à retrouver des mains douces : dans un bol, mélangez deux cuillerées soupe d'huile d'olive et deux cuillerées d'argile en poudre. Ajoutez une cuillerée d'eau. Mélangez et appliquez cette pâte sur les crevasses. Laissez reposer pendant environ une demi-heure puis rincez à l'eau.

Appliquez une fois par semaine.

La recette de Grand-Mère

Le pâté de foie gras de canard truffé

2 beaux foies gras de canard
250 g de chair de porc
80 g de truffe
1/2 verre d'eau-de-vie
Sel • Poivre du moulin

Coupez le foie gras en tranches épaisses, salez, poivrez et arrosez d'alcool. Laissez macérez 1/2 journée au frais.
Salez, poivrez la chair de porc, tapissez légèrement les boîtes de conserves.
Mettez le foie au milieu, ajoutez une rondelle de truffe.
Recouvrez de chair de porc.
Versez le reste de jus de macération sur les pâtés avant de fermer hermétiquement.
Stérilisez 3 heures.
Conservez dans une pièce fraîche.
Attendez une bonne année avant de déguster.

Quant aux fils du bûcheron, ils furent, dit-on, changés en porcs et condamnés à chercher les pommes de la fée, avec des coups de bâton sur les oreilles pour tout salaire et toute récompense.

Voilà, à peu près la légende de la Truffe du Périgord, telle qu'on la raconte par chez nous. ■

Fulbert Dumonteil

Le saviez-vous ?

Montferrand du Périgord

La tradition orale révèle que le village existait déjà pendant la Préhistoire. On le situe sur le plateau dominant l'emplacement actuel. A la suite d'une épidémi de peste, ce village aurait été incendié et reconstruit au flanc de la colline, sous la protection de son château fort. L'église du XIIème siècle, dans le cimetière, affiche de très belles fresques romanes et constituent l'un des rares témoignages de cette époque. Quant au château, il est considéré comme l'une des plus curieuses forteresses du Périgord.

Novembre 2013

Lundi 18 Novembre — Ste AUDE
matin
après-midi

Mardi 19 Novembre — St TANGUY
matin
après-midi

Mercredi 20 Novembre — St EDMOND
matin
après-midi

Jeudi 21 Novembre — Prés. Marie
matin
après-midi

Vendredi 22 Novembre — Ste CÉCILE
matin
après-midi

Samedi 23 Novembre — St CHRIST Roi
matin
après-midi

Dimanche 24 Novembre — Ste FLORA
matin
après-midi

Novembre 2013

Lundi 25 Novembre
Ste CATHERINE L.

matin

après-midi

Mardi 26 Novembre
Ste DELPHINE

matin

après-midi

Mercredi 27 Novembre
St SÉVERIN

matin

après-midi

Jeudi 28 Novembre
St JACQUES de la M.

matin

après-midi

Vendredi 29 Novembre
St SATURNIN

matin

après-midi

Samedi 30 Novembre
Avent

matin

après-midi

Notes

Domme et le capitaine Vivans

Domme est l'une des plus vieilles bastides du Périgord, l'une des rares à exister encore. Edifiée en 1281 par Philippe III le Hardi pour contrer les velléités de conquêtes du roi d'Angleterre, elle fait partie des sites que l'on disait imprenables. En effet, Domme surplombe la Dordogne et toute sa vallée du haut d'une falaise de 150 mètres de haut.

Trésor de petites ruelles, avec leurs inévitables escaliers, Domme est agrémentée de splendides jardins fleuris et de terrasses très anciennes. Tout en montant le long de rue du Capiol, l'on atteint, en dépassant régulièrement des toitures, le haut de la ville. Et de là, l'on peut discerner ici une vieille fontaine, à l'ombre de la Porte del Bos, là une grande cheminée de briques rouges, souvenir de l'époque des fours à chaux, un peu partout des murailles. Et si l'on regarde vers l'horizon, on distingue très bien la vallée du Céou, Marqueyssac, Beynac, La Roque-Gageac, des châteaux, des clochers !... Mais ce sont inévitablement les remparts qui finissent par attirer l'œil.

Bien belle promenade que celle des remparts ! La forteresse de Domme étale sa puissance grâce à ses pierres, d'un volume incroyable. La Porte des Tours, construite à la fin du XIIIème siècle, était autrefois protégée par un pont-levis, une herse et par deux demi-tours rondes installées sur l'ordre de Philippe le Bel. Elle donne encore accès à un endroit célèbre qui servit de corps de garde, puis de prison pour les Templiers. D'ailleurs, les pierres témoignent de leur séjour : les graffitis ne sont pas récents et les Tem-

suite page 111

Remède d'autrefois, déconseillé...

Ver solitaire (magant vièr – tœnia)

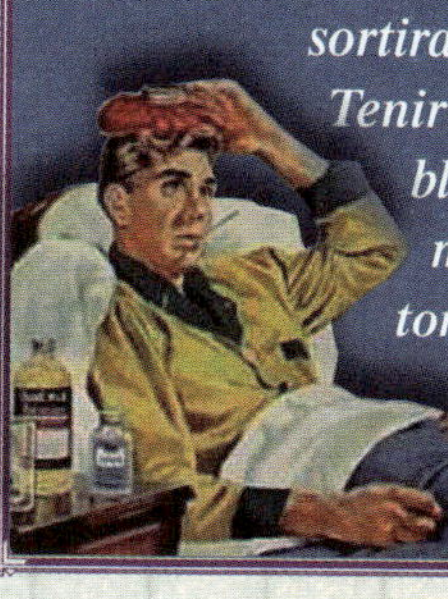

Manger un hareng fort salé, puis tenir la bouche largement ouverte au-dessus d'un bol de lait bouillant. La bête assoiffée sortira d'elle-même cherchant à se désaltérer. — Tenir la bouche ouverte au-dessus d'un pain blanc sortant du four et dont on a enlenvé la mie. — Avaler un lacet amorcé avec un estomac de poule et se terminant par un nœud coulant. Si le ver se laisse prendre, tirer très lentement pour ne pas ,briser l'animal.

...pour les malades d'aujourd'hui !

pliers n'ont eu aucun scrupule pour écrire sur les pierres leurs sentiments… ou leurs ressentiments.

La bastide de Domme présente un aspect bien particulier par rapport aux autres bastides, qui étaient en général bâties de façon très géométrique, avec des rues se coupant à angle droit. Vu la géographie du terrain , on a préféré construire celle-ci en courbe. Autre particularité : elle possède deux places, et non une seule, comme c'est le cas pour toutes les autres. La place traditionnelle est celle de la Halle.

La place de la Rode (mot issu du latin, signifiant « roue ») lui a été ajoutée pour que l'on puisse « profiter » du supplice de la Roue infligé à certains condamnés ! Quelles mœurs !…

Un lieu de protection

Lorsqu'un roi édifiait une bastide, il invitait la population avoisinante à venir l'habiter afin d'y être protégée, mais aussi afin de donner vie à ce lieu stratégique capital. C'est la raison pour laquelle il offrait à toutes les familles qui acceptaient sa proposition d'innombrables avantages : des exemptions d'impôt ou de service militaire jusqu'au droit à l'héritage. Mais en outre, Domme reçut un privilège unique et inappréciable, celui de battre sa propre monnaie !

Ainsi retrouve-t-on, à côté de l'Hôtel du Gouverneur, de la Maison des Consuls ou de la Vieille Halle, une maison dite « maison du batteur de monnaies » : chose plutôt rarissime.

Ces privilèges n'eurent d'ailleurs qu'un temps, puisqu'après leur abolition, lors de la révolution, la plupart des habitants quittèrent la bastide pour regagner la campagne.

Près de l'église, Domme n'oublie pas de rendre hommage à ses célébrités : un homme d'abord, Eugène Le Roy, renommé pour son roman, Jacquou le Croquant, un arbre ensuite, un orme bicentenaire dans la masse duquel est sculpté justement le personnage de Jacquou… sur trois mètres de haut !

Le capitaine Vivans

Comme l'on peut s'en douter, la situation privilégiée de Domme ne pouvait qu'exciter toutes les convoitises : malgré son accès difficile ou… grâce

suite page 112

Métier d'autrefois

Les hommes étaient habillés d'une chemise de lin ou de chanvre et d'un gilet de couleur, d'un pantalon de gros drap de laine et d'une veste noire. Pour sortir ils mettaient sur leurs épaules la vaste cape de droguet uni ou rayé…

Domme et le capitaine Vivans

(suite)

à son accès difficile ! Et cette bastide fut une fois de plus le théâtre de batailles acharnées entre Anglais et Français, entre Huguenots et Catholiques, qui s'en emparèrent à tour de rpole, la perdirent… et la reprirent maintes fois, jusqu'à la Guerre de Cent Ans, en 1437 exactement, où elle devint définitivement française. Quand on découvre l'histoire de Domme, on pense inévitablement à Castelnaud, à Castillon, à Beynac surtout ! Beynac, construite, comme Domme, sur un promontoire quasiment inaccessible.

Et, comme à Beynac, avec Marchadier, c'est un sinistre personnage qui s'est illustré ici : le capitaine Vivans. Le premier était un lieutenant de Richard Cœur de Lion, le second, un compagnon d'Henry de Navarre, le futur Henry IV.

Geoffroy de Vivans, capitaine protestant, s'était forgé une réputation redoutable, tant il était impossible de compter ses exactions dans tout le périgord, et particulièrement à Sarlat, mais aussi à Beynac, à Castelnaud, dont il commandait la garnison, et bien ailleurs.

Certes, ce capitaine huguenot accomplit, en 1588, un véritable exploit ! Comme Marchadier à Beynac, il n'hésita pas, pour conquérir la bastide de Domme, dont les portes étaient gardées par une escorte rompue aux plus durs combats, à escalader et à faire escalader à ses hommes la falaise en haut de laquelle se trouvait la ville… de nuit encore une fois ! Puis il fit ouvrir les portes de la bastide à ses troupes qui, accompagnées de tambours et de trompettes, n'eurent aucun mal à s'en rendre maîtresses face à une population terrorisée. Mais cet exploit ne suffisait pas à « Geoffroy le Batailleur », comme on avait fini par l'appeler. Réfugié à l'intérieur de la bastide, il fit raser partiellement l'ancien prieuré d'Augustins, fondé en 1375, et n'hésita pas à incendier l'église ! Puis il établit le culte réformé.

Un « Navarone » près de 450 ans plus tôt !

Cet exploit, comme celui de Marchadier, évoque celui du capitaine Mallory en Grèce, à Navarone, en 1943. Mais, à la différence de Vivans et de Marchadier, Mallory ne se rendit jamais coupable d'exactions indignes vis-à-vis de la population de navarone. Certes, ce qu'il entreprit sur l'ordre du commandement allié provoqua ensuite de sanglantes représailles des Allemands sur les habitants, mais ce coup de force, accompli avec seulement cinq compagnons, permit de sauver plus de deux mille vies, celles des soldats qui devaient accoster sur l'île de Khéros, sous le feu inévitable des deux canons redoutables et légendaires, ainsi que celles de tous les autres soldats qui y débarquèrent par la suite. ■

Christian Pénicaud

Le saviez-vous ?

Le mouvement culturel occitan

Le Comité du Périgord pour la Langue Occitane (CPLO) est l'organisme officiel qui a en charge les grandes orientations de la culture occitane dans le département de la Dordogne.

Il regroupe les deux grands mouvements oeuvrant pour la sauvegarde et la promotion de la langue : le Félibrige créé par Frédéric Mistral à la fin du XIXème siècle et l'Institut d'Etudes Occitanes (IEO) crée après la seconde guerre.

L'occitan que nous appelons en Dordogne et que nos anciens appellent "le patois" est "nord-languedocien" depuis le sud du Sarladais jusqu'à la Vézère et "limousin" au nord de celle-ci. l'occitan était la langue de tous il y a seulement 70 ans. Nos grand-pères ont appris le français à l'école, car chez eux on ne parlait qu'occitan.

Du jardin d'hier…

Dans la marmite

Pommes de terre « Charlotte » et potimarron en gratin

800 g de pommes de terre « Charlotte »
800 g de potimarron • 200 g de Beaufort
100 g de beurre demi-sel • Sel, poivre, muscade râpée

Éplucher et couper les légumes en gros dés. Cuire séparément à la vapeur environ 15 minutes. Râper la moitié du fromage de Beaufort et le restant en copeaux. Après la cuisson des légumes, écraser le potimarron à la fourchette, puis incorporer le fromage râpé. Ensuite écraser les pommes de terre en incorporant le beurre demi-sel. Assaisonner les deux purées, mettre deux couches de pommes de terre en intercalant une couche de potimarron. Parsemer de copeaux de fromage et enfourner dans un four chaud th 7 pour gratiner. Servir avec un gibier rôti.

La Pomme de terre

La pomme de terre préfère un climat doux et humide, associé un sol léger et profond, avec une fumure organique. La plantation se fait en lignes espacées de 60 cm dans des trous de 12 cm de profondeur tous les 30 cm. Poser les tubercules, les germes orientés vers le haut. Si l'on craint quelques gelées, couvrir avec un tunnel plastique. Mais le plus raisonnable est de faire la plantation quand le lilas fleurit au mois d'avril. Deux semaines après la levée, commencer le premier buttage sans abîmer les feuilles encore tendres. Quinze jours plus tard, faire le deuxième buttage. Il n'est pas nécessaire d'arroser plus de deux fois dans la saison avant et après la fleur sauf en cas de grande sécheresse et surtout pas sur les feuilles. 15 jours avant la date prévue de la récolte, lorsque le feuillage jaunit, couper les fanes et les mettre sur le tas de compost ou les brûler en cas de maladie.

La Poire

Le plus souvent greffé sur du cognassier, le poirier se plante dans un sol léger et assez frais. Une exposition ensoleillée et abritée du vent lui convient parfaitement. Pour favoriser une bonne récolte il convient de faire une pollinisation croisée, c'est à dire la plantation de deux variétés différentes fleurissant en même temps, à moins qu'il y ait de nombreux poiriers dans son environnement (50 mètres alentour), qui suffiraient à faire la pollinisation du poirier. Attention, il est sensible à de nombreux parasites et maladies comme les chenilles, pucerons, tavelure, monilia, rouille, mouche des fruits. Pulvériser de la bouillie bordelaise tous les 15 jours en préventif.

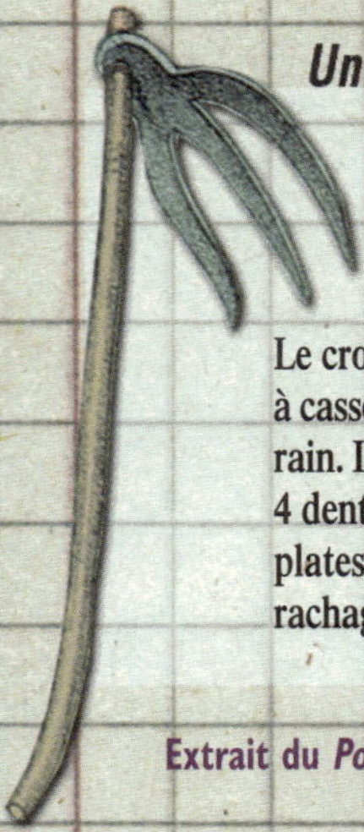

Un bon outil :

Le croc

Le croc est un outil servant à arracher ou à casser les mottes tout en égalisant le terrain. Il y a plusieurs sortes de crocs, à 3 ou 4 dents, mais il y a aussi le croc à 2 dents plates ; cet outil sert surtout pour l'arrachage des pommes de terre.

Extrait du *Potager à l'assiette* de Jean-Marc Gourbillon, aux éditions CPE

Photographies d'hier

Décembre

« J'ai souvent remarqué, pour ma part, que les cocus épousent de préférence les femmes adultères. »

Alphonse Allais

Sagittaire

Du 23 novembre au 21 décembre

Capricorne

2 décembre au 20 janvier

Balade dans les rues de Brantôme

Proverbe

D'une mauvaise souche sort parfois un bon scion.

2013

Première neige

Les premiers flocons ont fait leur apparition subrepticement autour de vous. Le vent les bouscule et les rejette comme des intrus. Mais ils se multiplient vite, de sorte que l'air a les pieds et les mains liés. Ils font une persienne de points entre vos yeux et le paysage. Vous n'avez plus qu'à leur abandonner le terrain. Ils ne sont pas exigeants : il leur suffit que vous ne les gêniez pas. Vous vous réfugiez sous un rocher ou vous rentrez sagement à la maison, et ils respectent le rocher et la maison. Ils vous les habillent seulement à leur façon. Rien ne trouve grâce à leurs yeux, il faut qu'ils effacent tout et le redessinent à leur manière, avec des arrondis. Ils bloquent les chemins et les demeures. Il leur faut toute la place. La nature de chez vous, peu habituée aux flocons, est patiente et les laisse faire un moment. Après quoi, elle se secoue et balaie la neige la plus récalcitrante dans les creux de l'ombre où il ne lui reste qu'à fondre doucement.

Il est né

Les jours sont devenus crépusculaires et trop doux, envahis par une enfance en vitrine et trop sage. Le travailleur, pour reste vraisemblable, doit les allonger aux deux bouts. Le temps a de la retenue, et le soleil aussi, quand il est là. Les vignes restent désertes et les paysans s'enkystent sous les toits. La vie a reflué en ville, dans un cocon de guirlandes et de lumières, joli paquet de Noël pour Dieu sait qui. Même le sapin qui quitte sa forêt trop froide se domestique, comme un chat, et joue avec la famille. Il se laisse habiller de guirlandes par petits et grands, pour tenir son rôle dans la grande représentation de la Nativité. Heureusement que le petit Jésus, an après an, revient ouvrir la porte d'une saison nouvelle...

P.V

Conte d'Hier...

Le Petit Chaperon rouge (17-18)

Grand'mère que vous avez de grandes jambes !
C'est pour mieux courir mon enfant.
Grand'mère que vous avez de grandes oreilles !
C'est pour mieux écouter mon enfant.

Grand'mère que vous avez de grands yeux !
C'est pour mieux voir mon enfant !

(Suite page 121)

Décembre 2013

Notes

Dimanche 1er Décembre
Ste FLORENCE

matin

après-midi

Le Préhistoparc de Tursac

Lascaux et Les Eyzies ne sont pas les seuls sites qui permettent de découvrir la vie des hommes préhistoriques. Il y en a bien d'autres, même s'ils n'ont pas le même renom. Le Préhistoparc de Tursac, à 6 km des Eyzies, a ceci de particulier qu'il propose aux visiteurs d'être en quelques sorte "hommes préhistoriques" eux-mêmes le temps de la découverte de ce musée pas comme les autres! Un musée en pleine nature, avec des décors naturels et des personnages tellement bien fabriqués en résine que, pour un peu, on se croirait revenu quelques milliers d'années en arrière!

Dans un vallon bordé de falaises, évidemment le plus sauvage possible, ont été reconstitués des décors préhistoriques.

Pour ajouter au réalisme, les scènes ont été dramatisées au maximum. Les personnages, à moitié nus, mais décents, sont vêtus de peaux de bêtes. Ainsi se succèdent différentes scènes : des Néandertaliens de retour de la chasse, le dépeçage d'un renne avec des outils en silex, la chasse moustérienne au mégacéros, grand herbivore, une chasse à l'ours des cavernes, un mammouth pris dans un piège et achevé par des chasseurs avec épieu, massue et pierres. La scène représentant un lion s'attaquant à un petit enfant terrorisé est particulièrement impressionnante !

suite page 117

Les petits trucs Beauté

Un peeling très doux pour le visage :

Ingrédients : Pâte à bicarbonate de soude (bicarbonate de soude mélangé à un peu d'eau tiède)
Un peu de crème pour le visage

Mélanger la pâte de bicarbonate de soude avec un peu de crème pour le visage. Appliquer la pâte sur le visage en massant doucement. Bien rincer.

La recette de Grand-Mère

Le gratiné soufflé aux pommes et aux truffes

6 fonds de tarte sucrés de 10 cm
2 pommes goldens émincées et poêlées
avec 50 g de beurre • 10 g de sucre
1 truffe de 15 g hachée
150 g de crème pâtissière
6 blancs d'œufs • 2 jaunes d'œufs

Montez les blancs en neige et serrez au sucre. Mélangez à la crème pâtissière, la truffe hachée et les 2 jaunes d'œufs. Mettez les pommes au fond des tartes et garnissez avec l'appareil. Faites cuire au four à 180° pendant 15 à 20 mn.

Mais les autres activités des hommes préhistoriques apparaissent également: l'habitat des chasseurs, la vie quotidienne avec les jeux des enfants qui se battent, la pêche au harpon, un graveur en pleine besogne devant son fils attentif; cueillette, sculpture et même des scènes de magie montrent ce que vivaient tous les jours ces familles d'un autre âge.

Ce que l'on peut constater aussi, c'est que ces hommes et ces femmes vivant à une époque dite "barbare", c'est-à-dire "sauvage", n'étaient pas forcément barbares! De nombreuses scènes les montrent comme des gens qui ont une certaine approche de la civilisation, que ce soit dans leurs vêtements en peaux - certains portent même des pantalons - ou dans leurs occupations, souvent tout à fait pacifiques. Si les femmes sont souvent montrées seins nus, si les enfants sont souvent complètement nus, c'est parce qu'à cette époque il n'y avait pas encore les tabous qui furent introduits bien des siècles plus tard. ■

Christian Pénicaud

Le saviez-vous ?

"Jacquou Parc", au Bugue sur Vézère

Ce Parc du Bugue s'adresse particulièrement aux enfants, mais les adultes y trouvent aussi beaucoup de satisfaction. Parmi les multiples attractions, notons : la Tour enchantée, la Pieuvre, l'Escadrille des Petits As, les Eléphants volants, le Circuit 24, les Montgolfières, la Grande Roue, le Train enchanté, l'Ile aux pirates, trois toboggans (le tournant, le splash et le rapide), une pataugeoire et trois nouveau bassins réservés aux enfants de trois à sept ans.

Décembre 2013

Lundi **2** *Décembre*
Ste VIVIANE
matin
après-midi

Mardi **3** *Décembre*
St XAVIER
matin
après-midi

Mercredi **4** *Décembre*
Ste BARBARA
matin
après-midi

Jeudi **5** *Décembre*
St GÉRALD
matin
après-midi

Vendredi **6** *Décembre*
St NICOLAS
matin
après-midi

Samedi **7** *Décembre*
St AMBROISE
matin
après-midi

Dimanche **8** *Décembre*
Im. Conception
matin
après-midi

Décembre 2013

Lundi 9 Décembre
St PIERRE FOURIER

matin

après-midi

Mardi 10 Décembre
St ROMARIC

matin

après-midi

Mercredi 11 Décembre
St DANIEL

matin

après-midi

Jeudi 12 Décembre
St JEAN. FR.-CH.

matin

après-midi

Vendredi 13 Décembre
Ste LUCIE

matin

après-midi

Samedi 14 Décembre
Ste ODILE

matin

après-midi

Dimanche 15 Décembre
Ste NINON

matin

après-midi

Coutumes du Périgord

Le mardi gras.

A Saint Léon d'Issigeac, les jeunes gens vont dans toutes les familles où se trouve un nouveau marié et on l'oblige à se coiffer du Cournadel et à grossir la bande qui parcourt toute la bourgade. S'il ne suit pas la bande, il est obligé de donner la pièce. Le Cournadel est un vieux chapeau blanc à trois cornes enrubannées. Mariage. La mariée avant de partir pour l'église attache un bouquet de fleurs blanches au corsage de chacune des invitées, et un bouquet de fleurs rouges à la boutonnière de chaque invité, les embrasse, et reçoit en échange une pièce de monnaie. Pendant la distribution des bouquets, les confiés chantent en chœur :

Zens de la noço, bira bous,
Que la nobio ey darré bous ;
Bira bous et bien prountomen
Prenez leys flours, douna l'argon.
De ruouhudo se n'abès pas,
Uno péço bon fal douna.

Ce qui veut dire :
Gens de la noce, tournez-vous,
La nouvelle mariée est derrière vous :
Tournez-vous, et bien promptement
Prenez les fleurs, et donnez l'argent :
Si vous n'avez pas de monnaie
Il vous faut donner une pièce.

suite page 120

Les petits trucs Beauté

Un nettoyant pour les mains :

Appliquer sur vos mains de la pâte de bicarbonate de soude, obtenue en mélangeant un peu de bicarbonate de soude avec de l'eau tiède. Si vous avez coupé de l'ail ou de l'oignon, cette solution est idéale car le bicarbonate élimine les odeurs persistantes.

La recette de Grand-Mère

Les bouchées de volailles au jus de truffes

Pour 6 personnes

65 g de beurre • 12 petites bouchées feuilletées
200 g de foies de volailles • 1/4 de verre de jus de truffes
1 gros oignon haché • 2 cuillères à soupe de farine
1 boîte de carottes minces • 1 boîte de petits pois fins
1 boîte de haricots princesses brisés (boîte de 200 g environ)
Thym, romarin en poudre
Persil et ciboulette hachés menu • Sel • Poivre

Enduisez légèrement la plaque du four avec du beurre et disposez les bouchées sans les chapeaux. Saupoudrez de farine les foies de volailles et faites-les revenir avec du beurre et les oignons dans une poêle jusqu'à cuisson. Salez et poivrez. Égouttez les légumes et coupez-les en petits morceaux. Faites chauffer les légumes à feu doux dans une casserole avec un peu d'eau. Parsemez de thym et de romarin, salez. Faites chauffer le four, vérifiez la cuisson des foies de volailles et coupez-les en morceaux. Mélangez ces morceaux et leur beurre de cuisson avec les légumes. Glissez la plaque dans le four avec les chapeaux à côté des bouchées pour environ 5 minutes. Poivrez et salez les légumes aux foies de volailles selon le goût et ajoutez persil et ciboulette, ainsi que le jus de truffes. Chauffez votre plat de service. Remplissez les bouchées, disposez-les dans le plat de service, parsemez de persil, couvrez-les du chapeau, repassez au four 1 à 2 minutes et servez très chaud.

Le saviez-vous ?

Le pays des châteaux

C'est chez nous, en Périgord, que l'on compte la plus grande densité de chateaux en France. Le département de la Dordogne compte plus de 1500 châteaux, manoirs ou gentilhommières. Ce nombre important de châteaux s'explique par l'histoire et par les fortes rivalités successorales qui engendrèrent un grand nombre de petits seigneurs, sans grosses richesses, mais toujours prêts à affirmer leur suprématie. La hauteur du donjon et l'épaisseur des courtines ne servent pas seulement à repousser les attaques, elles marquent aussi une image de puissance. Plus hauts sont les châteaux, mieux l'idée de domination sur la terre et les hommes va s'imposer dans l'esprit des humbles…

Décembre 2013

Lundi **16** Décembre
Ste ALICE

matin

après-midi

Mardi **17** Décembre
St GAËL

matin

après-midi

Mercredi **18** Décembre
St GATIEN

matin

après-midi

Jeudi **19** Décembre
St URBAIN

matin

après-midi

Vendredi **20** Décembre
St ABRAHAM

matin

après-midi

Samedi **21** Décembre
St PIERRE C.

matin

après-midi

Dimanche **22** Décembre
HIVER

matin

après-midi

Décembre 2013

Lundi **23** Décembre
St ARMAND

matin

après-midi

Mardi **24** Décembre
St ADÈLE

matin

après-midi

Mercredi **25** Décembre
NOËL

matin

après-midi

Jeudi **26** Décembre
St ÉTIENNE

matin

après-midi

Vendredi **27** Décembre
St JEAN

matin

après-midi

Samedi **28** Décembre
StS INNOCENTS

matin

après-midi

Dimanche **29** Décembre
St DAVID

matin

après-midi

Coutumes du Périgord (suite)

Le Mai (lou may)

Le soir du 30 avril, on dépose mystérieusement une branche fleurie à la porte des maisons où il y a une jeune fille à marier. C'est cette branche qui s'appelle lou may. Le Festin. Dans chaque famille on tue un cochon. Tuer veut dire tuer le cochon. Quelques jours après qu'on a tué, a lieu une réunion de famille. Au repas on ne mange que du cochon. La soupe est au boudin ; le bouilli, c'est du porc, les entremets du porc, le rôti du porc. Avant le festin on fait des présents aux amis : on envoie des boudins, des saucisses. M, le Curé a les pieds. Les épingles à Notre-Dame de Donchapt. A quelques kilomètres de Ribérac se trouve une Chapelle consacrée à Notre-Dame de Donchapt. Le jour de la fête patronale, le 1S Août, toutes les personnes qui désirent se marier dans l'aimée, piquent une épingle à la robe de la madone.

Guérison des loupes. Pour guérir les loupes on les fait loucher par les enfants posthumes et par le tablier des nouvelles mariées.

Feu de la Saint Jean

A Sireuil, la veille de la fête on fait le feu de joie ordinaire : quand tout le bois est à peu près consumé, on se met à genoux autour du feu, on récite la prière du soir, après quoi tout le monde, jeunes, vieux, hommes, femmes, saute par dessus le feu et chacun se retire emportant un tison. Elections municipales. A Villefranche de Belvèes, lorsque l'élu est un riche propriétaire, chacun de ses métayers lui porte un mai, c'est-à-dire un pin destine à être planté devant sa porte. Le mai est orné de rubans aux trois couleurs et de drapeaux ; il est placé sur une charrette traînée par des bœufs. Sur le dernier mai tous les jeunes gens et les gamins montent à califourchon, et enfin suit une charrette chargée de femmes poussant des vivats à qui mieux mieux. Au Gui l'an neuf. La veille du premier jour de l'an, les jeunes gens vont par bandes chanter La Guillanneou devant les maisons et recueillent surtout des œufs dont ils font d'immenses omelettes (pascados). Le buisson blanc. Au printemps, quand l'aubépine est en fleurs, les petits enfants en font des bouquets et exécutent autour des rondes en chantant. ■

P. BOU (début du XXème siècle)

Remède d'autrefois, déconseillé...

Ballonnement

(inflètje dè vinte — inflatio ventris)

Pour éviter le ballonnement, ne jamais manger ni flageolets, ni oignons, ni petits pois. — Pour expulser le vent intérieur exposer son derrière au vent qui souffle.

...pour les malades d'aujourd'hui !

La recette de Grand-Mère

Le jembouras

3 l de bouillon de boudin
1 chou vert
5 carottes • 3 navets
2 poireaux
1 rave • 2 oignons
Pain rassis
4 cuillères à soupe de graisse de canard

Pour 8 personnes

Faites bouillir 3 litre de jus de cuisson de boudin.
Ajoutez les feuilles d'un chou vert, les carottes, les navets, les poireaux, la rave et l'oignon coupés en petits morceaux.
Salez et poivrez.
Laissez cuire 1 heure.
Servez très chaud sur des tailles de pain en ajoutant dans l'assiette creuse un peu de graisse de canard.

Le saviez-vous ?

Le château de La Chapelle-Faucher

Situé dans le bourg du même nom, il est en partie classé, en partie inscrit aux monuments historiques. Implanté sur une falaise qui domine la Côle d'une trentaine de mètres, il permettait de surveiller la vallée de la Côle. Au XIIIème siècle, Fulchier d'Agonac y construisit une forteresse, détruite lors de la Guerre de Cent Ans et rebâtie à la fin du XVème.

Deux siècles plus tard, l'enceinte fortifiée et le pont-levis furent rasés. Un châtelet d'entrée les remplaça.

Décembre 2013

Lundi 30 Décembre
St ROGER

matin

après-midi

Mardi 31 Décembre
St SYLVESTRE

matin

après-midi

Notes

Conte d'Hier...

Le Petit Chaperon rouge (19-20)

Grand'mère que vous avez de grandes dents ! C'est pour te manger !

En disant ces mots, le méchant loup se jeta sur le petit Chaperon rouge et le mangea. **(fin)**

Le Général Fournier

François-Louis Fournier-Sarlovèze est né à Sarlat le 6 septembre 1773. Son père est cabaretier et sa famille est loin d'être riche. Il reçoit une très solide instruction auprès des moines de sa ville natale, où il apparaît vite comme un petit prodige, qui est très doué pour le latin et pour le chant religieux. Mais s'il se montre en classe très studieux, pieux et studieux, il n'en est pas de même à l'extérieur: il témoigne très vite d'une passion pour les jeux violents et, surtout, il cherche sans cesse à se montrer le plus fort physiquement face à ses camarades, qu'il n'hésite pas à rosser copieusement à la moindre occasion!

Dès l'âge de quinze ans, il devient clerc de procureur à Sarlat. Dès 1791, pourtant, il s'engage à Paris, dans les dragons. En 1792, il est sous-lieutenant au 9ème régiment.

Mais les ennuis vont vite venir à cause d'un caractère outrancé. Ses prises de position jacobines lui valent très vite une première destitution après la mort de Robespierre et il est emprisonné à Lyon! Il s'évade, puis est réintégré dans l'armée du Nord, puis dans celle de sambre et Meuse. Ses indélicatesses financières, ses absences injustifiées lui valent une deuxième destitution. De nouveau, on le réintègre! Il devient alors l'aide de camp du maréchal Augereau. Mais il est arrêté en mai 1802, accusé de compromission avec le général Donnadieu dans un complot contre le Premier Consul. On l'envoie alors en résidence surveillée à Périgueux, puis on le réintègre encore une fois.

"Le plus mauvais sujet de l'armée"

Ses nombreuses frasques, son caractère plus qu'impétueux, ses désobéissances fréquentes lui valent ainsi d'être appelé "le plus mauvais sujet de l'armée". En effet, en avril 1805, réintégré une énième fois, il est envoyé en Martinique à la tête de l'expédition de six cents hommes du contre-amiral Magon de Médine. Mais, arrivé aux Antilles, il ne débarque pas et revient en France !...

Mais parfois les soldats les plus indisciplinés, les plus rebelles, ce qui est son cas, trouvent des admirateurs. Ainsi en est-il du général Lasalle, un autre enfant terrible de l'armée, qui voit en Fournier une sorte de double de lui-même ! Lasalle en fait alors son chef d'état-major.

Et le "plus mauvais sujet de l'armée", conforté dans son attitude par son alter ego, Lasalle, va multiplier les actes de bravoure à Eylau, à Guttstadt et à Friedland. Il est alors promu au grade de général de brigade. Envoyé en Espagne en 1809, il réussit, avec seulement 1 500 hommes, à empêcher 20 000 assiégeants de s'emparer de la ville de Lugo.

Nouvelle mise en disponibilité... et nouvelle réintégration!

Fournier n'accepte pas la présence à ses côtés de l'aide de camp qu'a placé auprès de lui le secrétaire d'Etat Daru. Il pique une colère effroyable et chasse son aide de camp à coups de sabre !... Il est mis en disponibilité de l'armée. Mais il faut croire qu'en haut lieu ses faits d'armes sont beaucoup plus importants que ses emportements. On le renvoie en Espagne où, là encore, il va se signaler par des actions héroïques. Avec sa brigade, il enfonce trois carrés de fantassins anglais.

Il s'illustre encore en Russie, à la bataillre de Smolensk. Ce qui lui vaut une nouvelle promotion : il devient général de division en 1812. Lors de la retraite de Russie, il se distingue à la Berezina où, avec le général Eblé, il écrase 5 000 cavaliers russes, retardant ainsi considérablement la marche de l'armée russe.

Baron d'Empire... destitué!

Fournier multiplie les hauts faits d'arme, notamment, en 1813, à Gross Beeren et à Leipzig, en Saxe, puis à Mayence où il se rend de son propre chef. Napoléon lui rend hommage en le nommant baron d'Empire. Mais Fournier, décidément insupportable, s'en prend verbalement quelque temps après à l'Empereur en personne, qui le destitue une nouvelle fois.

En 1814, Napoléon doit abdiquer. La Restauration amène au pouvoir Louis XVIII. Celui-ci réintègre Fournier dans ses fonctions. Il lui décerne même le titre de comte. C'est à ce moment que François-Louis Fournier ajoute à son nom celui de Sarlovèze. Il est nommé inspecteur général de la cavalerie. Puis il participe à l'élaboration du nouveau Code militaire.

Il meurt à Paris sans descendance le 18 janvier 1827.

Il est l'un des rares roturiers à avoir été distingué par deux titres de noblesse. Mais sa réputation détestable a fait le tour de l'Europe. Les guerilleros espagnols l'ont surnommé "El Demonio" !

Le romancier Joseph Conrad s'est inspiré de sa vie dans son roman "Le Duel", roman adapté au cinéma par Ridey Scott, dans "Les Duellistes". ■

Christian Pénicaud

Carnet de notes de Papounet le jardinier

Du jardin d'hier...

Dans la marmite

Crémeux de petits pois au cerfeuil

1,5 kg de petits pois • 1 laitue
1 oignon • 1 bouquet garni
50 g de beurre • 30 cl de crème fraîche
1/2 baguette de croûtons
Sel, poirvre blanc.

Ecosser les petits pois, en réserver environ 100 g. Hacher l'oignon finement ainsi que la laitue. Faire fondre le beurre dans une casserole, y mettre tous les légumes ainsi que le cerfeuil. Ajouter 150 cl d'eau, assaisonner et laisser cuire 20 minutes sur feu doux. Après vérification de la cuisson, mixer la préparation, puis la filtrer au tamis. Remettre sur le feu avec les 100 g de petits pois restant et laisser cuire 10 minutes. Ensuite crémer l'ensemble en laissant frémir quelques instants. Servir très chaud accompagné de croûtons de pain préalablement grillés au four.

Les Petits Pois

Ce légume apprécie les climats un peu tempérés, un sol frais et léger sans fumure fraîche. Éviter un terrain trop acide et trop calcaire. Avant de semer les grains de petits pois, les faire tremper dans l'eau pendant 24 heures pour faciliter la germination. Préparer le sol correctement en griffant pour éliminer le maximum de mottes. tracer les lignes de 4 cm de profondeur et distantes de 40 cm entre elles. Semer les grains tous les 1,5 cm environ, recouvrir légèrement et arroser avec une pomme très fine pour éviter de tasser le sol. Si l'on choisit des espèces grimpantes, il est préférable d'installer des rames après la levée avec des branchages de noisetier, ou un grillage à grosses mailles. Récolter au fur et à mesure de la maturation. Les arrosages doivent être fréquents, surtout en pleine floraison et au moment du développement des cosses, mais pas d'excès avant la floraison pour ne pas diminuer le rendement.

Les Groseilles

Planter de préférence à l'automne, dans un emplacement abrité du vent, ensoleillé, orienté à l'est, voire légèrement ombragé.Le groseillier prospère dans presque tous les sols. Faire un trou de 0,40 m x 0,40 m, d'une profondeur d'environ 30 cm, bien ameublir le fond, mélanger la terre avec du compost bien décomposé. Après la mise en place du plant, combler avec ce mélange. Tasser légèrement, en formant une petite cuvette, pour les arrosages futurs qui devront être abondants lors de la première saison.

Attention aux pucerons et chenilles ainsi qu'à certaines maladies comme l'oïdium, la rouille et l'anthracnose. Traiter au soufre pour les maladies et au savon noir pour les pucerons.

Un bon outil :

Le râteau

Dans les jardins, le rôle de la herse appartient au râteau, et son importance y est d'autant plus grande qu'il s'agit d'obtenir une pulvérisation et une régularisation plus parfaite du sol. Très utile pour ramasser les feuilles mortes et le ratissage des allées et des cours.

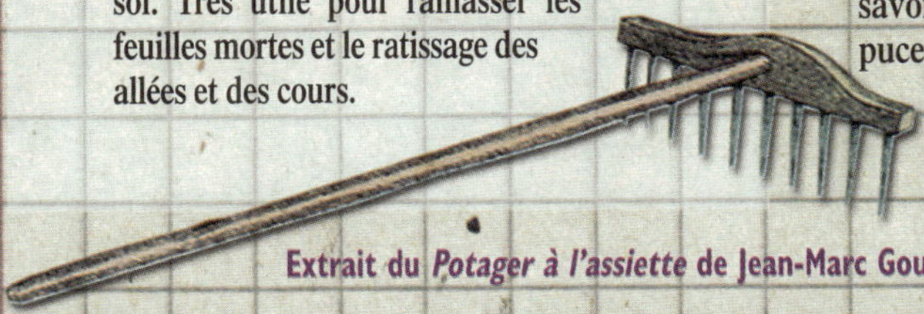

Extrait du *Potager à l'assiette* de Jean-Marc Gourbillon, aux éditions CPE

La Dordogne au XIXe siècle

DE LA H.TE VIENNE
DÉP.T DE LA CORRÈZE
DU LOT
DÉP.T
RONNE
Chalus
S.t Yrieix
Thiviers
Lanouaille
Excideuil
Hautefort
Terrasson
Montignac
le Bugue
S.t Cyprien
Sarlat
Carlux
Souillac
Domme
Belvès
Cadouin
Villefranche de Belvès
CURIOSITÉS.
Les sources de la Doux, dans l'arrondissement de Sarlat, de Salibourne, de Bouzie, de Sourzac et de Marzac. Celle de Trémiolat, celle de l'Abime à deux kilomètres de Perigueux. La célèbre grotte de Miremont au village de Privaret, le Volcan de Meyssandrie, près de Miremont, le trou de Pomaissac près de Bugue. Les pierres levées druidiques près de Belvez, Celle située sur le plateau voisin de Brantôme. Le roc branlant de S.t Etienne le Doux. La tombelle de la Vigerie près S.t Aquilin. Une autre près de Périgueux. Les monuments romains offrent la Tour de Vésonne dont on voit les ruines à Périgueux. À Douchal deux tours antiques. La Cathédrale de Périgueux participe du gothique et du romain. Le Château de Biron, &.a
CÉLÉBRITÉS.
Les Talleyrand, Taillefer, Gontaut-Biron, De Pons, De la Force D'Hautefort, Fénélon-Salignac, Bourdeilles, Rastignac, &.a Le publiciste Ballois, le brave marin Vicomte de Beaumont, les 2 frères Beaupuy, leur aïeul l'illustre Montaigne, son ami Etienne de la Béotie, Brantome, Cyrano de Bergerac écrivain dramatique, le brave Daumesnil surnommé la jambe de bois, défenseur de Vincennes, le Jurisconsulte Duranton, le tragédien Lafon, le conventionnel Elie Lacoste, le musicien célèbre Lemoyne, le philosophe Masiu de Biran, Malville, un des rédacteurs du code civil. Le Président Aymar Rançonnet, le Maréchal de Caumont-La-Force, La Renaudie chef de la conspiration d'Amboise, l'avocat Sirey, l'ancien préfet De Verneilh-Puiraseau. Le Général Vérideau, l'évèque Belsunce célèbre par la peste de Marseille. &.a
PRODUCTIONS ET COMMERCE.
Le Département contient 891,283 hectares de superficie imposable et 23,992 de non imposable. Les imposables sont 348,292 hect. de terres labourables, 78,156 hect. de Prés, 89,894 hect. de vignes, 167,641 hect. de bois, 99,977 hect. de Landes, pâtis et bruyères et le reste en Vergers, Jardins, Étangs, propriétés bâties, &.a &.a
Productions: Céréales de tous genres, vins de bonne qualité, fruits de toute espèce, beaucoup de chataignes qui servent à la nourriture des hommes et des animaux. Noix en quantité desquelles on extrait une huile excellente. Truffes, production la plus renommée du Dép.t beaucoup de Champignons où l'orange domine. Grenades, figues et oranges. Chevaux, ânes, mulets, bêtes à cornes, moutons de petite espèce, mérinos et métis, beaucoup de Chèvres et de porcs. Abeilles volailles nombreuses, gibier et poisson.
Le Commerce consiste en vins, porcs, fer, pierres meulières, truffes, patés truffés, chataignes, noix et huile de noix, bois merrain, échalas, papiers, cuirs travaillés, &.a Fabrique de serges, cadis, étamines, bonneterie, coutellerie commune, papeterie, tanneries considérables, distilleries d'eaux-de-vie et liqueurs. Nombreuses forges.
SIGNES CONVENTIONNELS.
CHEF-LIEU DE DÉP.T
CHEF-LIEU D'ARROND.T
Chef-lieu de Canton.
Commune.
Hameau.
Limite de Dép.t
Limite d'Arrond.
Limite de Canton.
B.au de poste aux lettres.
Relais de p.te aux chevaux.
Routes Nation.les et départ.les
G.de communication.
Chemins vicinaux.
Canaux de navigation.
Canaux d'irrigation.
Chemins de fer.
ÉCHELLES.
Lieues de Poste.
0 1 2 3 4 5
0 5 10 15 20
Kilomètres.

Extraordinaire Herbier Floral de Paxthon

Retrouvez une fleur différente dans chaque almanach des Terroirs de France

Escallonia montevidensis

(Escallonia du Bresil)

Issu du continent sud-américain (du Brésil ou des environs de Montevidéo en Uruguay), cet arbuste a l'aspect d'un buisson foisonnant qui s'élève entre deux mètres et deux mètres cinquante de haut pour une largeur équivalente. Il faut donc lui laisser suffisamment de place pour s'épanouir sans gêner ses comparses. Rustique (jusqu'à 10°C), il croît naturellement dans tous les massifs, haies ou pot et apprécie assez la lumière du soleil.

De la famille des *grossulariacées* (comme les groseilliers), son feuillage se révèle persistant d'un délicieux vert olive. Ses petits fleurs blanches en bouquet aiment à pointer leur nez au cours de l'été. Elles diffusent, en outre, un agréable parfum.

2014

Janvier	Février	Mars	Avril	Mai	Juin
1 M Jour de l'an	1 S Ella	1 S Aubin	1 M Hugues	1 J Fête du travail	1 D Justin
2 J Basile	2 D Présentation	2 D Ch.le Bon	2 M Sandrine	2 V Boris	2 L Blandine 23
3 V Geneviève	3 L Blaise 06	3 L Guénolé 10	3 J Richard	3 S Phil.,Jacq.	3 M Kévin
4 S Odilon	4 M Véronique	4 M Casimir	4 V Isidore	4 D Sylvain	4 M Clotilde
5 D Edouard	5 M Agathe	5 M Olive	5 S Irène	5 L Judith 19	5 J Igor
6 L Mélaine 02	6 J Gaston	6 J Colette	6 D Marcellin	6 M Prudence	6 V Norbert
7 M Raymond	7 V Eugènie	7 V Félicité	7 L J-B. de la Salle 15	7 M Gisèle	7 S Gilbert
8 M Lucien	8 S Jacqueline	8 S Jean de Dieu	8 M Julie	8 J Armistice 1945	8 D Médard
9 J Alix	9 D Apolline	9 D Françoise	9 M Gautier	9 V Pacôme	9 L Diane 24
10 V Guillaume	10 L Arnaud 07	10 L Vivien 11	10 J Fulbert	10 S Solange	10 M Landry
11 S Pauline	11 M ND de Lourdes	11 M Rosine	11 V Stanislas	11 D Estelle	11 M Barnabé
12 D Tatiana	12 M Félix	12 M Justine	12 S Jules	12 L Achille 20	12 J Guy
13 L Yvette 03	13 J Béatrice	13 J Rodrigue	13 D Ida	13 M Rolande	13 V Antoine de P.
14 M Nina	14 V Valentin	14 V Mathilde	14 L Maxime 16	14 M Matthias	14 S Elisée
15 M Rémi	15 S Claude	15 S Louise	15 M Paterne	15 J Denise	15 D Germaine
16 J Marcel	16 D Julienne	16 D Bénédicte	16 M Benoît-Joseph	16 V Honoré	16 L J. F. Régis 25
17 V Roseline	17 L Alexis 08	17 L Patrice 12	17 J Anicet	17 S Pascal	17 M Hervé
18 S Prisca	18 M Bernadette	18 M Cyrille	18 V Parfait	18 D Eric	18 M Léonce
19 D Marius	19 M Gabin	19 M Joseph	19 S Emma	19 L Yves 21	19 J Romuald
20 L Sébastien 04	20 J Aimée	20 J Printemps	20 D Odette	20 M Bernardin	20 V Silvère
21 M Agnès	21 V Damien	21 V Clémence	21 L Anselme 17	21 M Constantin	21 S Eté
22 M Vincent	22 S Isabelle	22 S Léa	22 M Alexandre	22 J Emile	22 D Alban
23 J Barnard	23 D Lazare	23 D Victorien	23 M Georges	23 V Didier	23 L Audrey 26
24 V Fr. de Sales	24 L Modeste 09	24 L Cath. de Suède 13	24 J Fidèle	24 S Donatien	24 M Jean-Baptiste
25 S Conv.de Paul	25 M Roméo	25 M Annonciation	25 V Marc	25 D Sophie	25 M Prosper
26 D Paule	26 M Nestor	26 M Larissa	26 S Alida	26 L Bérenger 22	26 J Anthelme
27 L Angèle 05	27 J Honorine	27 J Habib	27 D Zita	27 M Augustin1	27 V Fernand
28 M Th. d'Aquin	28 V Romain	28 V Gontran	28 L Valérie 18	28 M Germain	28 S Irénée
29 M Gildas		29 S Gwladys	29 M Cath. de Sienne	29 J Aymar	29 D Pierre-Paul
30 J Martine		30 D Amédée	30 M Robert	30 V Ferdinand	30 L Martial 27
31 V Marcelle		31 L Benjamin 14		31 S Visitation	

Juillet	Août	Septembre	Octobre	Novembre	Décembre
1 M Thierry	1 V Alphonse	1 L Gilles 36	1 M Thé. de l'E. Jésu	1 S Toussaint	1 L Florence 49
2 M Martinien	2 S Julien Eymard	2 M Ingrid	2 J Léger	2 D Défunts	2 M Viviane
3 J Thomas	3 D Lydie	3 M Grégoire	3 V Gérard	3 L Hubert 45	3 M François Xavier
4 V Florent	4 L Jean-M. Vianney 32	4 J Rosalie	4 S Fr. d'Assise	4 M Charles	4 J Barbara
5 S Antoine	5 M Abel	5 V Raïssa	5 D Fleur	5 M Sylvie	5 V Gérald
6 D Mariette	6 M Transfiguration	6 S Bertrand	6 L Bruno 41	6 J Bertille	6 S Nicolas
7 L Raoul 28	7 J Gaétan	7 D Reine	7 M Serge	7 V Carine	7 D Ambroise
8 M Thibault	8 V Dominique	8 L Nativité 37	8 M Pélagie	8 S Geoffroy	8 L Imm. Conception 50
9 M Amandine	9 S Amour	9 M Alain	9 J Denis	9 D Théodore	9 M Pierre Fourier
10 J Ulrich	10 D Laurent	10 M Inès	10 V Ghislain	10 L Léon 46	10 M Romaric
11 V Benoît	11 L Claire 33	11 J Adelphe	11 S Firmin	11 M Armistice 1918	11 J Daniel
12 S Olivier	12 M Clarisse	12 V Apollinaire	12 D Wilfried	12 M Christian	12 V Jeanne F.C.
13 D Henri et Joël	13 M Hippolyte	13 S Aimé	13 L Géraud 42	13 J Brice	13 S Lucie
14 L Fête Nationale 29	14 J Evrard	14 D Croix Glorieuse	14 M Juste	14 V Sidoine	14 D Odile
15 M Donald	15 V Assomption	15 L Roland 38	15 M Thérèse d'Avila	15 S Albert	15 L Ninon 51
16 M ND Mt Carmel	16 S Armel	16 M Edith	16 J Edwige	16 D Marguerite	16 M Alice
17 J Charlotte	17 D Hyacinthe	17 M Renaud	17 V Baudoin	17 L Elisabeth 47	17 M Gaël
18 V Frédéric	18 L Hélène 34	18 J Nadège	18 S Luc	18 M Aude	18 J Gatien
19 S Arsène	19 M Jean Eudes	19 V Emilie	19 D René	19 M Tanguy	19 V Urbain
20 D Marina	20 M Bernard	20 S Davy	20 L Adeline 43	20 J Edmond	20 S Théophile
21 L Victor 30	21 J Christophe	21 D Matthieu	21 M Céline	21 V Prés. de Marie	21 D Hivers
22 M Marie Madeleine	22 V Fabrice	22 L Maurice 39	22 M Elodie	22 S Cécile	22 L Françoise Xavièr 52
23 M Brigitte	23 S Rose de Lima	23 M Automne	23 J Jean de Capistra	23 D Clément	23 M Armand
24 J Christine	24 D Barthélémy	24 M Thècle	24 V Florentin	24 L Flora 48	24 M Adèle
25 V Jacques	25 L Louis 35	25 J Hermann	25 S Crépin	25 M Catherine	25 J Noël
26 S Anne,Joachim	26 M Natacha	26 V Côme et Damien	26 D Dimitri	26 M Delphine	26 V Etienne
27 D Nathalie	27 M Monique	27 S Vinc. de Paul	27 L Emeline 44	27 J Sévrin	27 S Jean
28 L Samson 31	28 J Augustin	28 D Venceslas	28 M Jude	28 V Jacq. de la M.	28 D Innocents
29 M Marthe	29 V Sabine	29 L Michel 40	29 M Narcisse	29 S Saturnin	29 L David 01
30 M Juliette	30 S Fiacre	30 M Jérôme	30 J Bienvenue	30 D André	30 M Roger
31 J Ignace de L.	31 D Aristide		31 V Quentin		31 M Sylvestre

2014

L'Almanach du Périgourdin 2013

Directeur de collection : Christophe MATHO
Rédacteur en chef : Gérard BARDON
Secrétaire de rédaction : Frédérique ROSE
Conseil Technique et Maquette : Alain OSSANT

Edition, réalisation : COMMUNICATION-PRESSE-EDITION
RCS B 398-382-416
BP 57 - 5, Allée de la Tuilerie - 41202 Romorantin Cedex
Téléphone : 02 54 83 41 41 - Fax : 02 54 83 41 43
e-mail : almanachs@cpe-editions.com - Site : www.cpe-editions.com

Imprimé en France - Imprimerie Clerc à Saint-Amand-Montrond - Septembre 2012
ISSN : 1623-751X
ISBN : 978-2-36572-061-8 - EAN : 9782365720618
Dépôt légal à parution

Retrouvez la collection complète des Almanachs sur le site internet : www.cpe-editions.com

es **ALMANACHS**

un semainier pour utiliser votre almanach comme un agenda !

ecouvrez nos

14 + 6

Terroirs disponibles

éditions spéciales

ALMANACH DE NOS TERROIRS - BEST OF
ALMANACH GOURMAND
ALMANACH DU PÊCHEUR
ALMANACH DU CHASSEUR
ALMANACH DES CHANSONS POPULAIRES
ALMANACH DES FOUS DU TRACTEUR

Prix public : ~~9,90€~~

Prix maison ! **9,40€** l'exemplaire

*Loi Lang 1986

LE «BEST OF» 2013

ON DE COMMANDE Almanachs

OTRE COMMANDE ALMANACH(S)	PRIX
ır plus d'almanachs nous contacter PORT*	3,00 €
TAL À PAYER :	......,.. €

ETOURNER À :
. 5 allée de la Tuilerie BP57 41202 **ROMORANTIN** Cedex • Tél. 02 54 83 41 45

- ☐ AIN - BRESSE-BUGEY
- ☐ ALSACE
- ☐ ANJOU
- ☐ ARMAGNAC - AGENAIS
- ☐ AUVERGNE
- ☐ AVEYRON
- ☐ BASQUE
- ☐ BEAUCE - PERCHE
- ☐ BERRY
- ☐ BORDELAIS
- ☐ BOURBONNAIS-NIVERNAIS
- ☐ BOURGOGNE
- ☐ BRETAGNE
- ☐ BRIE - SEINE ET MARNE
- ☐ CATALAN
- ☐ CHAMPAGNE ☐ ARDENNAIS
- ☐ CHARENTES
- ☐ CORSE
- ☐ DRÔME-ARDÈCHE
- ☐ FRANCHE-COMTÉ
- ☐ ISÈRE - HAUTES-ALPES
- ☐ LANDES
- ☐ LANGUEDOC
- ☐ LIMOUSIN
- ☐ LOIRE-FOREZ
- ☐ LORRAIN
- ☐ LOZERE
- ☐ LYONNAIS - BEAUJOLAIS
- ☐ MAINE - PAYS SARTHOIS
- ☐ NORD
- ☐ NORMANDIE
- ☐ ORLÉANAIS GÂTINAIS
- ☐ PÉRIGORD
- ☐ PICARDIE
- ☐ POITOU
- ☐ PROVENCE
- ☐ PYRÉNÉES
- ☐ QUERCY
- ☐ SAVOIE
- ☐ SOLOGNE
- ☐ TOULOUSAIN
- ☐ TOURAINE
- ☐ VENDÉE

- ☐ BEST OF DE NOS TERROIRS
- ☐ GOURMAND RHÔNE-ALPES
- ☐ CHASSEUR
- ☐ PÊCHEUR
- ☐ CHANSONS POPULAIRES
- ☐ DES FOUS DU TRACTEUR

☐ **TOTAL ALMANACHS(S)**

ı .... Prénom ....

esse .... Code postal /__/__/__/__/__/

.... Adresse mail ....

....

: vous envoie ce bon complété et je joins mon chèque bancaire ou postal à l'ordre de CPE.

: vous envoie ce bon complété et j'indique ici le numéro de ma carte bancaire : CB

/__/__/__/ /__/__/__/__/ /__/__/__/__/ /__/__/__/__/ Date de validité : /__/__/ /__/__/

méros au dos de la carte : /__/__/__/

Signature obligatoire :

Patois et chansons de nos Grands-Pères

Mémoire du patrimoine oral... Langues régionales, patois, parlage, parler... chansons et monologues des terroirs de France.

Quoi de mieux pour sauver nos vieux parlages, nos vieux parleurs, nos vieux patois... ceux de nos ancêtres, que de faire un ouvrage regroupant ces trésors du verbe proprement dit mais aussi la présentation des poètes et chansonniers patoisants et leurs oeuvres les plus connues. Nous ne pourrons bien entendu être exhaustifs tant la production de ces derniers fut importante et de qualité. Les traditions de nos terroirs se perdent et se diluent dans la mondialisation, les parlages, patois et autres langues régionales, les vieilles chansons aussi.

Sauvons un bout de notre patrimoine oral !

Déjà en vente

Prix public : ~~18 €~~

Prix maison ! 17,10€ l'exemplaire

PARLER D'OLÉRON
PARLER CHARENTOCIEN
CAUSEMENT DANS LE BAS MAINE
LANGUE BASQUE
LANGUE EN CHAMPAGNE
PATOIS POITOU
PATOIS RÉTAIS
VIEUX PARLER ET CHANSONS DE NOS GRANDS-PÈRES ARDENNAIS
PATOIS ET CHANSONS DE NOS GRANDS-PÈRES EN BERRY
LA LANGUE EN BASSE BRETAGNE
PATOIS ET CHANSONS DE NOS GRANDS-PÈRES DANS LES CHARENTES
PATOIS ET CHANSONS DE NOS GRANDS-PÈRES CH'TIS
PARLER ET CHANSONS DE NOS GRANDS-PÈRES EN GALLO
LANGUE ET CHANSONS EN PAYS DE GASCOGNE
LANGUES ET CHANSONS DE MON GRAND-PÈRE EN LIMOUSIN
LANGUES DE LORRAINE
PATOIS ET CHANSONS DE NOS GRANDS-PÈRES MARCHOIS
VIEUX PARLER ET CHANSONS DE GRANDS-PÈRES NANTAIS
LANGUE ET CHANSON DE NOS GRANDS-PÈRES EN NISSART
PATOIS ET CHANSONS DE NOS GRANDS-PÈRES DES TERROIRS DE L'ORLÉANAIS
PATOIS ARPITAN ET CHANSONS DE NOS GRANDS-PÈRES SAVOYARDS
VIEUX PARLAGES ET CHANSONS DE NOS GRANDS-PÈRES EN SOLOGNE
PATOIS ET CHANSONS DE NOS GRANDS-PÈRES EN VENDÉE
PATOIS ET CHANSONS DE NOS GRANDS-PÈRES EN BASSE-NORMANDIE, MANCHE, CALVADOS ET LES ÎLES

A paraître fin octobre 2012

LANGUES DE LORRAINE *(TOME 2, LE PLATT)*
PATOIS ET CHANSONS DE NOS GRANDS-PÈRES EN ANJOU
PATOIS ET CHANSONS DE NOS GRANDS PÈRES EN BOURGOGNE

Ouvrage relié couverture intégrale quadri
Format : 16,8 x 23 cm
160 pages, impression 2 couleurs

Livres de recettes

140 x 225
120 pages - Noir

Prix public : ~~12 €~~
11,40€

Messieurs aux fourneaux! Un petit guide pratique et bon enfant d'astuces et recettes faciles, pour alléger le quotidien de votre épouse, et tout simplement lui faire plaisir en vous amusant. Un petit guide de l'homme dans la cuisine, teinté d'humour (présentation des lieux, du matériel...), mais très utile aux hommes qui veulent rester mariés...

Toutes ces bonnes pâtisseries que nos grand-mères préparaient pour notre plus grand plaisir. Cette façon simple de faire qu'elles avaient, vous la retrouverez au fil des pages de ce livre. En espérant qu'il vous apporte la joie, le tour de main, et celui d'offrir ces si goûteux « desserts ». A s'en pourlécher les babines...

Format : 170 x 230 mm
144 pages - 1 couleur
Couverture cartonnée

Dans La philosophie du goût, Brillat-Savarin disait : « La gourmandise comprend aussi la friandise, qui n'est autre que la préférence appliquée aux mets légers, délicats, de peu de volume, aux confitures, aux pâtisseries, etc. C'est une modification introduite en faveur des femmes et des hommes qui leur ressemblent ».

Prix public : ~~18 €~~
17,10€

Souvenez-vous, les délicates effluves d'arômes sucrés qui embaumaient toute la maisonnée, les jolis petits pots colorés et bien identifiés qui s'alignaient sur les tablettes du garde-manger de la cave ou de la remise et surtout, le plaisir de déguster ces délicieux petits fruits sucrés à longueur d'année. Ça vous redonne le goût, le goût de l'enfance, celui des premiers plaisirs gourmands, non!

Carnets de recettes faciles

Prix public : ~~8 €~~ **7,60€**

Caractéristiques techniques
130 x 190 (française)
112 pages - 1 teinte

A paraître en octobre 2012

Déjà en vente

- LES RECETTES D'AMICIE
- LES DESSERTS •LA CUISINE AU VIN
- LES POISSONS •TERRINES ET PÂTÉS
- COQUILLAGES ET CRUSTACÉS
- LES RECETTES À L'HUILE D'OLIVE

Les recettes des terroirs de ma grand-mère

Nouvelle formule

Format : 168 x 230 mm
120 pages - 2 couleurs
Couverture souple

Prix maison !
17,10€ l'exemplaire

Prix public : ~~18 €~~

Format : 200 x 290 mm
128 pages - 2 couleurs
Couverture cartonnée

Ancienne formule (même prix)

- RECETTES ANGEVINES
- RECETTES CHARENTAISES
- RECETTES GERSOISES
- RECETTES LANDAISES
- RECETTES MAINIOTES
- RECETTES NORMANDES
- RECETTES PÉRIGOURDINES
- RECETTES DU QUERCY
- RECETTES CEVENOLES PROMO 8€

- RECETTES ARDECHOISES ET DRÔMOISES
- RECETTES ALSACIENNES
- RECETTES ARDENNAISES
- RECETTES ARIÉGEOISES
- RECETTES AUVERGNATES
- RECETTES AVEYRONNAISES
- RECETTES BASQUES
- RECETTES BEAUCERONNES
- RECETTES BERRICHONNES
- RECETTES BOURBONNAISES
- RECETTES BOURGUIGNONNES
- RECETTES BRETONNES
- RECETTES CATALANES
- RECETTES CHAMPENOISES
- RECETTES CORSES
- RECETTES FRANC COMTOISES
- RECETTES LIMOUSINES
- RECETTES LORRAINES
- RECETTES LYONNAISES BEAUJOLAISES
- RECETTES MORVANDELLES ET NIVERNAISES
- RECETTES NIÇOISES
- RECETTES DU NORD
- RECETTES ORLÉANAISES
- RECETTES PICARDES
- RECETTES PIEDS NOIRS
- RECETTES POITEVINES
- RECETTES PROVENÇALES
- RECETTES SAVOYARDES
- RECETTES SOLOGNOTES
- RECETTES TOULOUSAINES
- RECETTES TOURANGELLES
- RECETTES VENDÉENNES

A paraître en octobre 2012 :

- RECETTES VOSGIENNES
- RECETTES DU PAYS NANTAIS
- RECETTES ITALIENNES
- RECETTES BORDELAISES

www.cpe-editions.com

A paraître en octobre 2012

Par trois fois la vigne saignera

POLAR DE TERROIR

Qui est le meurtrier de Lindsay Payne-Lewis, cet Anglais fortuné, propriétaire du château viticole de Saint-Ravenel, au cœur des Corbières ?

Prix public : ~~19 €~~ **18,05€**

Costumes et coiffes folkoriques des terroirs de france

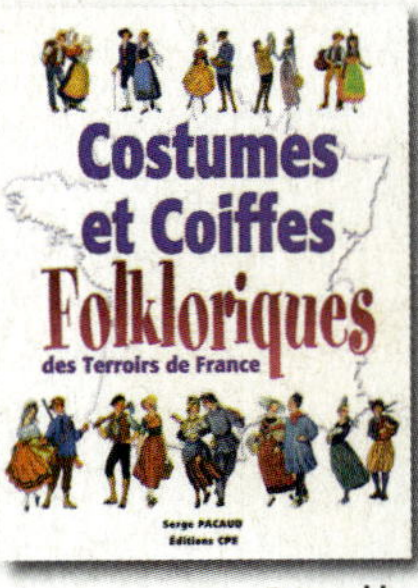

Les costumes de 43 terroirs détaillés des sabots à la coiffe. Serge Pacaud a collecté des iconographies originales à travers toutes les régions de France. Il nous détaille avec précision les anciens habits de nos arrières-grands-parents.

190 X 260 - 128 pages - Noir

Prix public : ~~23 €~~ **21,85€**

A paraître en octobre 2012

Gusse François BARBEROUSSE

Le manuscrit oublié de François Barberousse. Ce troisième roman de François Barberousse aurait dû être publié en 1938-39 chez Gallimard. Il ne paraîtra pas. Gusse, le héros du roman, est soldat pendant la Grande Guerre. Pour autant, le roman ne peint en rien la guerre elle-même. Il décrit le désespoir d'un jeune homme qui constate que la communauté paysanne qu'il aimait se délite au fil des années de conflit.

140 X 225 - 144 pages - Noir

Prix public : ~~20 €~~ **19€**

A paraître en octobre 2012

Contes de Noël

En attendant le passage du Père Noël, si nous écoutions quelques contes d'ici et de là, bien au chaud, à côté de la cheminée où grillent quelques châtaignes ? Histoire, petites histoires, croyances, contes, légendes... si Noël m'était conté...

170 X 230 - 160 pages - Noir

Prix public : ~~20 €~~ **19€**

Le Loir-et-Cher en montgolfière

Le Trophée François 1er en montgolfière : C'est en 1991 qu'une poignée de pilotes avides de découvrir les châteaux de la Loire en montgolfière a créé le Trophée François 1er. Aujourd'hui, cette rencontre des plus sympathiques réunit des pilotes du monde entier durant 10 jours à la découverte du patrimoine et du terroir du Loir-et-Cher en ballon.

250 X 250
160 pages - Quadri

Prix public : ~~26 €~~ **24,70€**

Le patois berrichon expliqué aux enfants

- Dis Grand-père c'est quoi une Birette... et puis pourquoi tu dis toujours des mots que y'a que toi qui les connaît ? C'est toi qui les invente tous ces mots ... hein ! - Non mon petit gars, ces mots là, c'est pas moi qui les invente. Ce sont les vieux mots de la campagne berrichonne, des mots que l'on utilisait chez moi quand j'avais ton age. Et oui mon bonhomme, moi, la première langue que j'ai parlé, c'était pas le français... c'était le patois berrichon. Un vieux langage que j'ai appris de mes parents et qu'eux-mêmes tenaient des leurs. Allez, viens, je vais t'expliquer...

210 X 210 - 36 pages - Quadri

Prix public : ~~10 €~~ **9,50€**

Tradition orale : collection «les passeurs de mémoires»

Ce livre est sans doute l'une des œuvres principales du folklore Picard. À ne pas manquer pour tous ceux qui aiment leurs racines picardes.

Publié en 1898 sous le titre « La littérature orale de l'Auvergne », ce livre est sans doute l'une des oeuvres principales du folklore auvergnat.

Alsace, Anjou, Auvergne, Pays Basque, Bourgogne, Bresse, Bretagne, Champagne, Corse, Forez, Gascogne, Nivernais, Normandie, Picardie, Poitou, Provence, Quercy.... C'est en fait une sélection des plus beaux contes de terroirs publiés dans la Revue des traditions populaires.

170 X 230
160 pages - Noir

Prix public : ~~20 €~~ **19€**

Ce livre est dédié aux airs et chansons du répertoire traditionnel de Franche-Comté. Chaque chanson est présentée avec sa partition et son texte original.

La chanson populaire, dans son sens traditionnel est celle qui a été faite par le peuple, pour le peuple. Sans entrer dans des définitions complexes, c'est celle que l'on jouait dans nos anciennes fêtes populaires à la fin du XIXe et dans la première moitié du XXe siècle.

Les contes et les légendes de ce livre trouvent leur origine dans la tradition populaire du Nord. Ils ont pour cadre le monde des hommes au Pays des Ch'tis.

170 X 230
160 pages - Noir

Prix public : ~~19 €~~ **18,05€**

A paraître en octobre 2012

- CONTES DES PROVINCES DE FRANCE (TOME 2)
- FRANCHE COMTE, LA TRADITION TOUT AU LONG DE L'ANNÉE
- BASSE-NORMANDIE LES CONTES, LÉGENDES, TRADITIONS...
- LA CORSE, LES CONTES POPULAIRES
- LA LORRAINE, LES CONTES POPULAIRES
- LA GASCOGNE, LES CONTES POPULAIRES
- LE BOCAGE VENDÉEN, LES CONTES POPULAIRES

Au bon temps des Paysans

en Aquitaine

SERGE PACAUD

en Bourgogne

ALAIN ROBERT

190 X 260
128 pages - 2 teintes
Prix public : ~~23 €~~ **21,85€**

Du début du XXe siècle aux années 1950, la race des paysans, la vraie, l'authentique est en voie de disparition. Si par hasard, vous en croisez encore un spécimen, vous le reconnaîtrez aisément. Jeannot a le pas mesuré d'un homme qui sait attendre, attendre que le blé qu'il a mis en terre germe, attendre que la nature fasse son lent travail, attendre que la vie lui donne son lot de joies et de peines. Ce n'est pas un révolté, peut-être pas un résigné non plus, mais de sa longue communication avec les plantes et les animaux il a tiré les leçons de la vie : naître et mourir sont pour lui aussi naturels que manger ou dormir.

Les petites histoires de la vieille

Languedoc

HERVE BERTEAU

Pyrénées

PJ BRASSAC

140 X 225
120 pages - Noir
Prix public : ~~19 €~~ **18,05€**

Des histoires bien malicieuses que seule La vieille pouvait nous restituer. Ces histoires vont vous faire sourire, vous faire peur, et vous faire rêver... C'est une émotion de la simple réalité qui vous est proposée c'est l'homme d'hier et l'homme contemporain qui vous sont rapportés dans ces nouvelles de terroir.

A paraître en octobre 2012

LES PETITES HISTOIRES DE LA VIEILLE
• ALSACE • BRETAGNE • PAYS NANTAIS • PROVENCE

Chasse & pêche

Le chasseur de Braconniers

140 X 225
144 pages - Noir
Prix public : ~~18 €~~ **17,10€**

Comme l'explique André Germain (Garde de chasse de la fédération du Loir-et-Cher), «Depuis 1951 j'étais tenu de noter chaque jour le compte-rendu de mes activités journalières jusqu'en 1988 date de mon départ en retraite». Quelle bonne idée il a eu là! Grâce à cela voici un ouvrage qui nous livre la vie de la Sologne, de la chasse, des grandes propriétés...

La belle histoire de la pêche à la mouche

MIGUEL TOURON

225 X 290
224 pages
4 couleurs
Prix public : ~~34 €~~ **32,30€**

Quel plaisir de cuisiner et de savourer le fruit de sa pêche ! Que cela soit sur les fleuves, les rivières, les lacs, les étangs, ce livre complet et pratique vous propose de découvrir des recettes simples et explicites et des techniques de pêche claires et précises afin de ne pas rentrer bredouille.

De l'hameçon à l'assiette

JM GOURBILLON

190 X 260
144 pages
4 couleurs
Prix public : ~~24 €~~ **22,80€**

Premier livre publié en fançais sur l'histoire de la «pêche à la mouche», ce livre rest remarquablement documenté, agrémenté de trés nombreuses illustrations d'époque. Il s'agit d'un récit anticonventionnel qui fait une description extrêmement vivante de l'évolution de cette pêche, d'abord vivrière, puis récréative, depuis la préhistoire jusqu'à nos jours !

La trompe et le fouet Venerie d'hier et d'aujourd'hui

ALAIN PHILIPPE

225 X 290
144 pages
4 couleurs
Prix public : ~~29 €~~ **27,55€**

Un livre magnifique qui présente non seulement les méthodes et les règles d'une chasse ancestrale, mais qui présente aussi les équipages français.

Le grand livre de la truite et des salmonidés

CHRISTOPHE MATHO

225 X 290
192 pages - 4 couleurs
Prix public : ~~29,90 €~~ **28,40€**

Le premier livre en français qui présente l'essentiel des salmonidés que le pêcheur peut rencontrer à travers la planète. Du saumon Ouananiche et du Québec, à l'omble Iwana du Japon, toutes les truites, ombles et saumons du monde sont là. L'auteur a collecté des informations sur les habitudes des poissons auprès de pêcheurs du monde entier, du Canada à la Sibérie, en passant par le Japon et la Scandinavie.

Vent de secteur est Le rêve du chasseur de gibier d'eau

225 X 290
192 pages - 4 couleurs
Prix public : ~~29,90 €~~ **28,40€**

ALAIN PHILIPPE

Que de douces sensations, que de saines et fortes émotions j'ai ressenties à la passée, à la hutte et au gabion, de la baie d'Authie à la baie de Somme, du Mont-Saint-Michel au Sud-Ouest et en Camargue, en passant par les étangs de la Dombes, de la Brenne et de Sologne ! À travers quelques histoires de souvenirs et de récits des anciens, je vous propose de parcourir ensemble ces lieux mythiques...

Gérard Boutet

A paraître en octobre 2012

140 X 225
200 pages - Noir
Prix public : ~~20 €~~ **19€**

140 X 225
320 pages - noir
Prix public : ~~24 €~~ **22,80€**

140 X 225
160 pages - Noir
Prix public : ~~20 €~~ **19€**

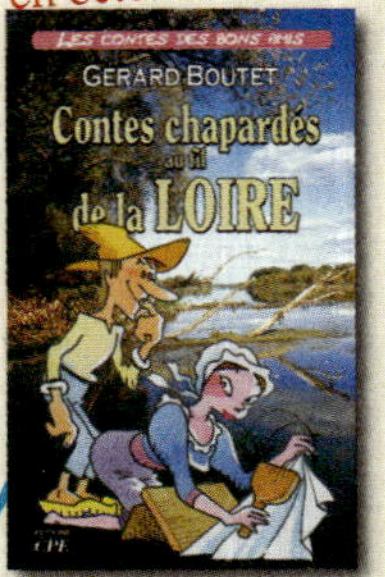

Chronique gaillardes

Dans ce volume, le raconteur d'histoires prend un malin plaisir à croquer les fruits oubliés, plutôt qu'à ripailler au banquet de la galerie. Les protagonistes y perdent en munificence ce qu'ils gagnent en véridicité.

Contes braconnés de sologne

Par ce recueil qu'il a parsemé d'illustrations enjouées, l'auteur des «Gagne-misère» témoigne une nouvelle fois l'attachement malicieux qu'il porte aux petites gens indissociables des émerveillements de son enfance.

Un plein panier de coquecigrues

Au fil de ces récits terrifiants ou cocasses, c'est un lot coutumier de cachotteries, de frayeurs et de joies que le lecteur découvre. Mais nul n'ignore que, sous la fable plaisante, perce souvent une moralité qui vaut une sérieuse leçon.

Contes chapardés de la loire

Gérard Boutet, écrivain reconnu, est également un conteur. Ses textes, il aime autant les donner à lire qu'à dire. Sous sa plume se confondent la tradition orale et la littérature populaire, puisque la seconde s'imprègne de la première. Le verbe se compose de la parole et de l'écrit.

Contes...

A paraître en octobre 2012

Au coin du feu

De La vieille qui savait d'avance au Bois de Trousse-Belle, du Violoneux de Montainville au Panier du curé, du Dernier Cheval au Premier Voyage en automobile, 25 histoires survenues dans les villages de chez nous au doux temps des veillées d'autrefois

Contes Vosgiens

Comme la plupart des contes et nouvelles d'Erckmann-Chatrian, les contes rapportés dans ce livre s'inscrivent dans le décor de la Lorraine. Ces contes sont sans doute moins intellectuels que ceux de Nodier, mais ils sont plus authentiques, mieux ancrés dans la réalité folklorique des Vosges...

L'âme du pays, mœurs comtoises

L'âme comtoise est une petite gerbe de contes, directement inspirés des histoires du Pays. Entre tradition orale et anecdotes villageoises, c'est la Franche-comté d'autrefois qui reprend vie.

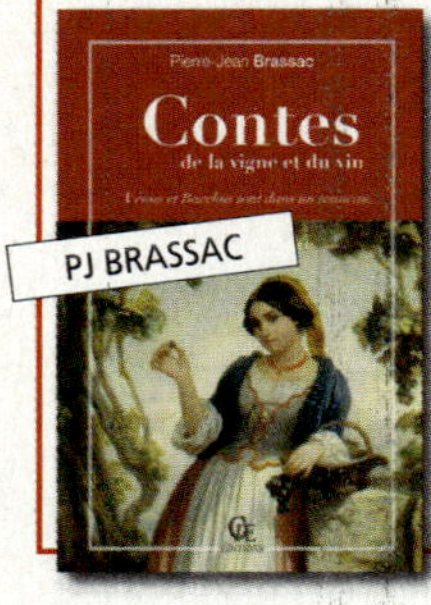

Contes de la vigne et du vin

Ce recueil d'histoires savoureuses, tour à tour comiques, émoustillantes, fantastiques et rabelaisiennes, vous invite à parcourir les vignobles de France dans leur saisissante diversité.

140 X 225
144 pages - Noir

Prix public : ~~18,90€~~ **17,95€**

A paraître en octobre 2012

Les lettres de ma chaumière

Les vingt et une nouvelles qui composent le livre dévoilent le réalisme et le pessimisme de Mirbeau et la férocité de ses descriptions, tant du monde paysan que de la bourgeoisie. Les Lettres de ma chaumière sont le pendant des Lettres de mon moulin d'Alphonse Daudet, que Mirbeau avait beaucoup critiqué pour leur côté édulcoré, et pour avoir plagié d'autres auteurs.

Épis de glane

François Barberousse a glané pour nous lecteurs quelques histoires qui ont dû remplir ces soirées au coin du feu : de la Nuit de la Grand-peur à la Pesteaux-Poules et Malochard en passant par la galette gaudelée... où l'on retrouve tout l'univers fantastique, mystérieux, traditionnel de la Sologne et du Berry. Avec ce livre voilà quelques soirées sans télé qui s'annoncent plutôt bien!

170 X 230 - 160 pages - Noir
Prix public : ~~22 €~~ **20,90€**

A paraître en octobre 2012

Le loup dans les contes populaires

Christophe MATHO propose ici une sélection de contes populaires dont le loup est le personnage central, sans ambition d'analyse ou de classification. Chacun pourra se livrer à sa propre interprétation sur la place que chaque conte confiait au loup dans l'inconscient populaire.

170 X 230 - 160 pages - Noir
Prix public : ~~20 €~~ **19€**

A paraître en octobre 2012

Les contes noirs

Ces contes ouvrent le lecteur sur l'intrusion du surnaturel, Il s'agit de récits fantastiques liés à une atmosphère particulière. Le lecteur sera vite saisi par une sorte de crispation due à la rencontre de l'impossible. La peur est souvent présente, on la retrouvera chez le héros, mais aussi chez le lecteur, car l'auteur n'a pas manqué de provoquer l'angoisse chez celui qui parcours ses écrits...

170 X 230 - 160 pages - Noir
Prix public : ~~18 €~~ **17,10€**